lingt's

CORNELIA ADAM

AUFLÄUFE

So gelingt's

Das klappt auf Anhieb:
Knusprig Überbackenes
und luftige Soufflés

Mit Farbfotos von
Georg M. Wunsch

GONDROM

In diesem Buch finden Sie

Schnell 8
Heiße Blitzideen

Zum Sattessen 28
Genuß in Schichten

Soufflés 46
Luft zum Löffeln

Gratins 64

Knusperfrisch serviert

Für Gäste 82

Feine Überraschungen

Süßes satt 100

Zwölf Sündenfälle

Rezept- und Sachregister 116

Aufläufe, Gratins, Soufflés...

Auflauf: Der Mehrschichtige

Die Zutaten dafür werden meistens schon vorgegart und in eine große Form mit hohem Rand geschichtet. Verglichen mit seinen Verwandten, dem lockeren Soufflé und dem knusprigen Gratin, hat der Auflauf die längste Garzeit. Aber das Warten lohnt sich: Mit einem knackigen Salat ist ein Auflauf ein sättigendes Hauptgericht. Als Vorspeise ist eine leichte Suppe geeignet. Wird ein süßer Auflauf als Dessert serviert, dann sollten die anderen Gerichte besonders leicht sein. Süße Aufläufe schmecken auch kalt ganz köstlich. Ob salzig oder süß: Kinder sind wahre Auflauffreaks.

Gratin: Das Schnelle

Die Zutaten werden schon vorgegart in eine flache Form mit niedrigem Rand gelegt – hier gibt's nur eine Schicht! Darauf wird dann eine Käsemischung oder einfach nur geriebener Käse verteilt. Dann kommt die Form in den Ofen und wird in relativ kurzer Zeit bei hoher Hitze überbacken, aus dem Französischen abgeleitet »gratiniert«. Auf diese Weise entsteht eine knusprige Kruste, die die anderen Zutaten vor dem Austrocknen schützt. Gratins sind sowohl als Hauptgerichte als auch als Beilagen geeignet, das ist von den jeweiligen Zutaten abhängig. Tip: Mit einer krossen Käsekruste bedeckt, schmecken auch die Reste vom Vortag unwiderstehlich gut.

Soufflé: Das Luftige

Seine Heimat ist Frankreich, dort heißt blasen »souffler«. Das Soufflé ist also etwas »Aufgeblasenes«. Damit das so ist, brauchen Sie viel Eischnee, der sorgt für die luftige Leichtigkeit. Die Angst vor der Zubereitung ist absolut unbegründet, denn Soufflés gelingen wirklich kinderleicht. Allerdings müssen Sie sich genau nach den Rezepten richten und dürfen vor allen Dingen nie die Backofentüre öffnen, solange das Soufflé noch drinsteht. Schon der geringste Luftzug läßt das flockige Gebilde zusammenfallen. Das passiert auch mit dem fertigen Soufflé, deshalb wird es ofenfrisch serviert. In kleinen Portionsförmchen sieht ein Soufflé besonders dekorativ aus.

Kleine Käsekunde

Was wären Aufläufe und Gratins ohne eine knusprige, duftende Käsekruste, die dem Gericht Würze gibt und dafür sorgt, daß die Zutaten saftig bleiben? Sie können, ganz nach Geschmack, feste und würzige Reibkäsesorten verwenden, zarten Butterkäse, cremigen Frischkäse oder pikanten Schafkäse.

Hartkäse

Hartkäse läßt sich in zwei Gruppen teilen: die besonders harten, ausgereiften Reibkäse und die etwas saftigeren Hartkäse.
Die besonders harten Sorten haben eine feste, leicht körnige Struktur und sehr kleine, beziehungsweise gar keine Löcher. Sie lassen sich ganz fein reiben und

geben den Gerichten einen pikanten, würzigen Geschmack. Bei trockenen Sorten sollten Sie vor dem Überbacken einige Butterflöckchen auf dem Käse verteilen, damit die Kruste wirklich knusprig wird.
Zu den trockenen Hartkäsen zählen folgende Sorten in gut gereiftem Zustand: Parmesan, Pecorino, Gouda, Cheddar, Kefalotiri, Asiago und Montasio vecchio, Provolone.
Die etwas weicheren Sorten lassen sich meist nur grob reiben. Ihre Struktur ist oft löchrig und die Konsistenz des Teiges geschmeidig. Die bekanntesten Sorten: Emmentaler, Allgäuer Bergkäse, Gruyère oder Greyerzer, Comté und Beaufort.

Schnittkäse/ Halbhartkäse
Die Bezeichnung Halbhart- oder Schnittkäse bezieht sich auf den Anteil des Trockengewichtes dieser Käsesorten. Er ist bei den Halbhartkäsen wesentlich geringer als bei den Hartkäsesorten.
Sie können in Scheiben geschnitten oder grob geraspelt werden und ergeben eine zartschmelzende, weiche Käsedecke.
Dazu zählen junger Gouda, Tilsiter, Havarti, Edamer, Appenzeller (besonders würzig), Dänischer Höhlenkäse und Raclettekäse (besonders zart schmelzend).

Brüh- und Knetkäse/ Filata-Käse
Der Name dieser Sorten leitet sich von ihrem Herstellungsverfahren ab. Mozzarella ist der berühmteste Vertreter. Würzigere Sorten sind Provolone, Kaschkawa oder Kasseri.
Mozzarella paßt immer dann, wenn der zarte Geschmack der anderen Zutaten nicht überdeckt werden soll, wie zum Beispiel bei Fischaufläufen und zarten Fleisch- oder Gemüsesorten.

Frischkäse
Darunter versteht man frische Käsesorten, die ungereift genußfertig sind. Manche Frischkäse werden gesalzen und ungesalzen angeboten (zum Beispiel Ricotta) – bitte beim Einkauf unbedingt darauf achten! Ungesalzen eignen sie sich auch für die Zubereitung von Süßspeisen. Die bekanntesten Sorten: alle Quarksorten, Schichtkäse, Cottage Cheese (körniger Frischkäse), Petit Suisse. Frischkäse gibt es auch mit Kräutern und Gewürzen oder anderen pikanten Zutaten gemischt. Eine Frischkäsehaube ist immer dann richtig, wenn der Auflauf besonders saftig schmecken soll.

Ziegen- und Schafkäse
Diese Sorten mit ihrem mehr oder weniger ausgeprägten Geschmack passen am besten zu mediterranen Gemüsegerichten, mit Oliven, Knoblauch und Tomaten. Frisch sind sie häufig sehr mild. Die ausgereifteren Sorten haben einen relativ hohen Salzgehalt und sind würzig, die Konsistenz ist krümelig.

Enorm in Form

Es gibt unzählige Rezepte und Variationen für Aufläufe, Gratins und Soufflés, eines aber haben sie alle gemeinsam: sie werden in hitzebeständigen Formen im Backofen gegart. Welche Form am besten geeignet ist, hängt von der Zubereitungsart, von der Anzahl der Personen und vom Anlaß ab. Bei deftigen, bodenständigen Gerichten sehen derbe, bäuerliche Keramik-, Ton- oder Gußeisenformen schön aus. Zu festlichen Einladungen passen schlichte Porzellan- oder Glasformen besser. Dafür gibt es formschöne Gestelle aus Silber, Edelstahl oder bemaltem Metall. Ansonsten sind alle Untersetzer aus Holz, Metall, Gußeisen oder Korbgeflecht zweckmäßig.

Kleine Materialkunde

METALL ist ein Material, das Hitze sehr schnell und direkt leitet, deshalb kann es sein, daß sich die angegebene Garzeit noch etwas verkürzt. Die Formen können aus Gußeisen, Edelstahl oder emailliertem Gußeisen sein. Ein großer Vorteil, den alle diese Formen haben: das fertige Gericht bleibt darin lange heiß.

PORZELLAN – KERAMIK – STEINGUT. Diese Materialien leiten die Hitze besonders gleichmäßig und sanft. Und es gibt ein großes Angebot an unterschiedlichen Größen. Kleine Portionsförmchen sehen nicht nur schön aus, bei vielen kleinen Einzelportionen ist auch die Garzeit kürzer. Für viele Esser sind große Formen ideal, und sie sind aus diesen Materialien auch leicht zu finden. Sie lassen sich sehr leicht reinigen und sind oft auch für die Mikrowelle geeignet. Man bekommt sie in Spezialabteilungen großer Kaufhäuser, in Haushaltsfachgeschäften und auf Töpfermärkten. Achten Sie darauf, daß die Formen durchgehend glasiert sind, dann lassen sie sich besser reinigen.

GLAS muß selbstverständlich hitzebeständig sein. Diese Formen sind am neutralsten und passen zu jedem Service. Es gibt dafür oft elegante Gestelle aus Silber, Edelstahl oder anderem Metall, in denen man die Form zu Tisch bringen kann. Aufläufe mit mehreren Schichten sehen besonders appetitlich darin aus. Es gibt spezielle Formen, in denen der Auflauf auch eingefroren werden kann, die also extreme Temperaturschwankungen aushalten. Glasformen lassen sich bequem in der Spülmaschine reinigen.

SOUFFLÉFORMEN sehen immer gleich aus; sie haben den unverkennbaren geraden und hohen Rand, damit sich der Inhalt richtig ausdehnen kann. Sie werden aus Porzellan, Steingut und auch aus Glas in den unterschiedlichsten Größen hergestellt. In Frankreich, der Heimat des Soufflés, gibt's besonders viele Varianten. Ganz gleich welche Größe Sie verwenden, eine Souffléform darf immer nur zu zwei Dritteln mit der Masse gefüllt werden, denn das Soufflé muß Platz haben, um sich zu entfalten. Ist die Form zu voll, läuft die Soufflémasse über und verbrennt auf dem heißen Backofenboden. Wenn Sie zuviel Masse haben, nehmen Sie also lieber zwei Formen.

Praktische Tips

- Mit weicher Butter läßt sich die Form leichter einfetten. Benutzen Sie dazu ein Stück Pergamentpapier oder Küchenkrepp. Noch einfacher geht's mit Öl: verstreichen Sie es mit einem weichen Backpinsel, damit kommen Sie auch sehr gut in die Ecken der Formen.
- Auch bei Ofengerichten gilt: je frischer und hochwertiger die Zutaten, desto perfekter das Ergebnis. Gegen Tiefkühlprodukte ist nichts einzuwenden, Sie müssen nur mit etwas längeren Garzeiten rechnen.
- Achten Sie darauf, daß das Gemüse beim Blanchieren wirklich schön knackig bleibt, damit es während der anschließenden Garzeit im Backofen nicht zu weich wird.
- Wenn's ganz schnell gehen soll, können Sie die Zutaten noch heiß in die Form legen.
- Die Garzeit können Sie auch verkürzen, wenn Sie die Gerichte in mehreren kleinen Formen anstatt in einer großen Form garen.
- Wischen Sie Speisereste am Formrand immer sorgfältig ab, bevor Sie die Form in den Ofen stellen, sie brennen sonst ein und sind nur noch mühsam zu entfernen.
- Eine besonders knusprige Kruste entsteht, wenn Sie zum Schluß noch Butter, Frisch- oder Streichkäseflocken auf der Oberfläche verteilen.
- Falls die Oberfläche etwas zu schnell bräunt, decken Sie die Form einfach mit Alufolie ab und reduzieren die Temperatur etwas.
- Stellen Sie unbedingt einen Untersetzer auf den Tisch und legen Sie sich dicke Topflappen bereit.
- Es gibt viele schöne Untersetzer aus Metall, Holz, Kork oder Bast. Wenn Sie keinen Untersetzer besitzen und keinen kaufen möchten, können Sie die heiße Form aber auch auf einem Holzbrett oder einem Speisewärmer abstellen.
- Einige Auflaufgerichte schmecken auch lauwarm oder sogar gut gekühlt hervorragend. Das gilt speziell für vegetarische und süße Gerichte.
- Variieren Sie die Aufläufe, indem Sie heiße oder kalte Saucen oder, bei süßen Aufläufen, eingemachtes Obst dazu reichen.

Schnell

Bei diesen Gerichten werden die Zutaten möglichst klein geschnitten, schon kurz vorgegart und dann nur noch überbacken. Praktische Fertigprodukte, zum Beispiel geschälte Tomaten aus der Dose, von denen Sie sich einen kleinen Vorrat anlegen sollten, erleichtern und verkürzen die Arbeit und ersparen Ihnen den zeitaufwendigen Einkauf. Hier einige Tricks, die Ihnen helfen, schnell etwas Gutes auf den Tisch zu bringen.

Klein geschnippelt ist halb gegart
Je kleiner die Zutaten geschnitten sind, desto schneller sind sie gar. Die meisten Gemüsesorten können Sie fein oder grob raspeln, in Juliennestreifen oder auch in Scheiben schneiden.

Moderne Heinzelmännchen
Eine gute Hilfe sind hierbei, neben dem normalen Gemüsehobel, Küchenmaschinen mit verschiedenen Einsätzen.

Fett ist wichtig
Eine feuerfeste Form mit Öl, Butter oder Margarine gründlich ausfetten. Butter oder Margarine sollten möglichst weich oder auch flüssig sein. Das Fett läßt sich am besten mit einem Backpinsel verteilen.

Ein kurzes Wasserbad – und ab in den Ofen
Wenn Sie das Gemüse in kochendem Wasser einige Minuten vorgaren (blanchieren) oder in etwas Fett dünsten, brauchen Sie es anschließend nur noch kurz zu überbacken.

Hochstapeln ist nicht gefragt
Die warmen Zutaten möglichst in nur einer Schicht in die Form legen.

Spinatauflauf mit Kartoffeln und Eiern

Im Bild oben

Statt Tiefkühl-Spinat können Sie auch frischen Spinat verwenden.

Kurzrezept

- Spinat dünsten, würzen
- Mit Käse verrühren, die Hälfte in eine Form füllen
- Kartoffelscheiben darauf legen
- Restlichen Spinat darüber verteilen
- Eier in Mulden gleiten lassen

Preiswert

Zutaten für 4 Personen:
2 Päckchen Tiefkühl-Blattspinat (je 300 g)
2 EL Öl
2 Knoblauchzehen
Salz
schwarzer Pfeffer, frisch gemahlen
Muskatnuß, frisch gerieben
200 g Edelpilz-Käse (z.B. Bavaria Blue)
600 g gekochte Kartoffeln
4 Eier
Fett für die Form

Pro Portion etwa:
1700 kJ/400 kcal

1

Den Spinat auftauen lassen. Das Öl in einem Topf erhitzen und den Spinat darin bei schwacher Hitze etwa 5 Minuten dünsten Seite 8). Den Knoblauch schälen, dazupressen und unterrühren. Den Spinat mit Salz, Pfeffer und Muskat kräftig würzen.

2

Den Käse entrinden, klein würfeln und unter den Spinat rühren. Den Backofen auf 200° vorheizen.

3

Eine Auflaufform ausfetten (Seite 8). Die Kartoffeln schälen und in Scheiben schneiden. Die Hälfte des Spinats auf dem Boden der Auflaufform verteilen, die Kartoffelscheiben darauf legen und mit dem restlichen Spinat bedecken. Die Oberfläche etwas glattstreichen und mit einem Eßlöffel vier Mulden hineindrücken. In jede Mulde 1 aufgeschlagenes Ei geben.

4

Den Auflauf im Backofen (Mitte) etwa 15 Minuten backen.

Zubereitungszeit: etwa 1 Stunde

Möhrenauflauf mit Putenfleisch

Im Bild unten

Kurzrezept

- Putenfleisch braten
- Möhrenraspel und Schalotten andünsten
- Alles mit Kresse verrühren, in eine Form füllen
- Quark, Sahne, Käse, Nüsse verrühren, auf dem Auflauf verteilen

Gelingt leicht

Zutaten für 4 Personen:
750 g Möhren
2 Schalotten
1 Stück Ingwerwurzel (etwa 2 cm)
500 g Putenschnitzel
3 EL Öl · Salz
schwarzer Pfeffer, frisch gemahlen
1 Kästchen Kresse
250 g Sahnequark
100 g Sahne
100 g Bergkäse, frisch gerieben
30 g gemahlene Haselnüsse
Fett für die Form

Pro Person etwa:
2400 kJ/570 kcal

1

Die Möhren waschen, schälen und grob raspeln. Die Schalotten schälen und fein hacken. Den Ingwer schälen und fein reiben (Seite 8).

2

Das Putenfleisch in Würfel von etwa 2 cm Kantenlänge schneiden. In einer großen Pfanne 2 Eßlöffel Öl erhitzen. Die Putenwürfel darin portionsweise kräftig anbraten, herausnehmen, salzen und pfeffern. Den Backofen auf 220° vorheizen.

3

Das restliche Öl in die Pfanne geben und die Schalotten darin kurz andünsten. Die Möhrenraspel und den Ingwer dazugeben und etwa 10 Minuten mitdünsten lassen.

4

Eine Form ausfetten (Seite 8). Die Kresse abbrausen und die Blättchen über der Pfanne abschneiden. Das Putenfleisch dazugeben, alles gut durchrühren, mit Salz und Pfeffer würzen und in die Form füllen.

5

Den Sahnequark mit der Sahne, dem geriebenen Käse und den Haselnüssen verrühren, würzen und gleichmäßig auf dem Auflauf verteilen (Seite 28). Im Backofen (Mitte) etwa 20 Minuten überbacken.

Zubereitungszeit: etwa 1 Stunde

Gratinierte Riesen-Teigmuscheln

Die Nudeln erhalten Sie in italienischen Lebensmittelgeschäften oder in gut sortierten Supermärkten.

Kurzrezept

- Leber anbraten, fein hacken
- Mit gedünsteter Zwiebel, Gewürzen und Sahne vermischen
- Teigmuscheln mit der Masse füllen, Hühnerbrühe angießen
- Mit Käse belegen, gratinieren

Raffiniert

Zutaten für 4 Personen:
500 g Riesen-Teigwarenmuscheln
750 g Kalbs- oder Hühnerleber (oder gemischt)
20 g Butter
1 große Zwiebel
2 EL frischer Thymian (oder 1 TL getrockneter)
Salz
schwarzer Pfeffer, frisch gemahlen
250 g Sahne
100 ml Hühnerbrühe
350 g Raclettekäse in Scheiben
Fett für die Form
Pro Portion etwa: 5300 kJ/1300 kcal

1
Die Teigwarenmuscheln in reichlich kochendem Salzwasser in etwa 10 Minuten bißfest garen, in ein Sieb abgießen, kalt abschrecken und gut abtropfen lassen.

2
Die Leber in gleich große Stücke schneiden. Die Hälfte der Butter in einer Pfanne zerlassen und die Leber darin bei mittlerer Hitze nur kurz rundum anbraten, herausnehmen und fein hacken.

3
Den Backofen auf 250° vorheizen.

4
Die Zwiebel schälen und fein hacken. Die restliche Butter in der Pfanne zerlassen und die Zwiebel darin bei schwacher Hitze glasig dünsten. Den Thymian einstreuen, die Lebermasse dazugeben und alles mit Salz und Pfeffer würzen. Zum Schluß die Sahne unterrühren.

5
Die Leberfüllung in die Teigmuscheln verteilen. Vier Portionsförmchen oder eine große feuerfeste Form ausfetten und die gefüllten Teigmuscheln darin verteilen. Die Hühnerbrühe in einem Topf erhitzen und die Teigmuscheln damit umgießen.

6
Die Käsescheiben in der Größe der Teigmuscheln zuschneiden und jede Muschel mit einem Stück Käse belegen (Seite 64). Im Backofen (Mitte) etwa 10 Minuten gratinieren, bis der Käse schmilzt.

Dazu paßt Tomatensalat mit Rucola.

Zubereitungszeit: etwa 45 Minuten

TIP
Wenn Sie keine Riesen-Teigmuscheln bekommen, können Sie das Gratin auch mit Bandnudeln zubereiten. Dafür die Bandnudeln nach Packungsanweisung bißfest garen. Die Hälfte in die Form füllen, die Leberfüllung darüber verteilen, mit den restlichen Nudeln bedecken. Die Hühnerbrühe angießen. Das Gratin mit den Käsescheiben belegen und überbacken.

Gratinierter Wirsing

Im Bild oben

Besonders aromatisch schmecken die schwarzen Oliven à la grèque, in einem Spezialverfahren getrocknete und mit Kräutern und Knoblauch marinierte Früchte.

Kurzrezept

- Wirsingachtel garen, abtropfen lassen
- Mascarpone, Sahne, Knoblauch und Schafkäse verrühren, würzen, über den Wirsing gießen
- Mit Petersilie und Oliven bestreuen

Deftig

Zutaten für 4 Personen:
1 Kopf Wirsing (etwa 1 kg)
Salz
250 g Mascarpone
5 EL Sahne
2 Knoblauchzehen
250 g griechischer Schafkäse
schwarzer Pfeffer, frisch gemahlen
Muskatnuß, frisch gerieben
1 Bund glatte Petersilie
100 g schwarze Oliven, ohne Stein
Fett für die Form

Pro Portion etwa:
2400 kJ/570 kcal

1
Den Wirsing putzen, achteln, vom Strunk befreien und gründlich waschen. Reichlich Salzwasser zum Kochen bringen und die Wirsingachtel darin bei mittlerer Hitze etwa 8 Minuten garen, herausnehmen und gut abtropfen lassen (Seite 8).

2
Eine Auflaufform ausfetten und die Wirsingachtel hineinlegen. Den Backofen auf 200° vorheizen.

3
Den Mascarpone mit der Sahne glattrühren. Den Knoblauch schälen und durch die Presse dazudrücken. Den Schafkäse zerbröckeln und untermischen. Die Masse mit Salz, Pfeffer und Muskat kräftig würzen und auf dem Wirsing verteilen.

4
Die Petersilie waschen, die Blättchen abzupfen und grob hacken. Die Hälfte davon mit den Oliven zwischen den Wirsing streuen. Im Backofen (Mitte) in 20–25 Minuten goldgelb überbacken. Vor dem Servieren mit der restlichen Petersilie bestreuen.

Zubereitungszeit:
etwa 1 1/4 Stunden

Lauchgratin mit Lachsschinken

Im Bild unten

Kurzrezept

- Geputzte Lauchstücke blanchieren
- Schinken in Streifen schneiden, in eine Form geben, würzen
- Gewürfelten Mozzarella mit Crème fraîche verrühren, über dem Lauch verteilen

Gelingt leicht

Zutaten für 4 Personen:
Salz
1 kg Lauch
250 g Lachsschinken
schwarzer Pfeffer, frisch gemahlen
Muskatnuß, frisch gerieben
2 Kugeln Mozzarella (je 150 g)
200 g Crème fraîche
Fett für die Form

Pro Portion etwa:
2000 kJ/480 kcal

1
Den Backofen auf 220° vorheizen. Reichlich Salzwasser in einem Topf zum Kochen bringen.

2
Den Lauch putzen, längs durchschneiden, unter fließendem Wasser gut abbrausen und in etwa 10 cm lange Stücke schneiden. Den Lauch in dem kochenden Wasser etwa 4 Minuten blanchieren (Seite 8). In ein Sieb abgießen, eiskalt abschrecken und sehr gut abtropfen lassen.

3
Den Schinken vom Fett befreien und in schmale Streifen schneiden.

4
Eine feuerfeste Form ausfetten. Den Lauch hineinlegen, mit Salz, Pfeffer und Muskat würzen (Seite 8). Den Lachsschinken über den Lauchstangen verteilen.

5
Den Mozzarella in kleine Würfel schneiden, mit der Crème fraîche mischen, mit Salz und Pfeffer würzen (Seite 64). Den Lauch damit bedecken und im Backofen (Mitte) in etwa 20 Minuten goldgelb überbacken.

Zubereitungszeit: etwa 45 Minuten

TIP
Anstelle des Lachsschinkens schmeckt auch Räucherfisch sehr gut.

Blutwurst mit Calvados-Äpfeln

Im Bild oben

Kurzrezept

- Lauch blanchieren
- Apfelwürfel im Essig marinieren
- Blutwurstscheiben knusprig braten
- Lauch und Äpfel im Fett schwenken, mit Calvados ablöschen

Raffiniert

Zutaten für 4 Personen:
Salz
1 Lauchstange, etwa 200 g
2 große Äpfel (etwa 500 g)
3 EL Apfelessig
600 g geräucherte Blutwurst oder grobe Hausmacher Leberwurst
10 g Butter
schwarzer Pfeffer, frisch gemahlen
4 cl Calvados
100 g Emmentaler, frisch gerieben
Fett für die Form
Pro Portion etwa:
3300 kJ/790 kcal

1
Salzwasser zum Kochen bringen. Den Lauch putzen, längs aufschlitzen und unter fließendem Wasser gut abbrausen. In feine Ringe schneiden. Etwa 1 Minute in dem kochenden Wasser blanchieren (Seite 8). In ein Sieb abgießen, eiskalt abschrecken und sehr gut abtropfen lassen.

2
Die Äpfel waschen, vierteln, von den Kerngehäusen befreien und klein würfeln. In eine Schüssel geben, mit dem Apfelessig beträufeln und etwa 10 Minuten ziehen lassen. Den Backofen auf 220° vorheizen.

3
Die Blutwurst pellen und in etwa 1 cm dicke Scheiben schneiden. Die Butter in einer Pfanne erhitzen und die Wurstscheiben darin knusprig braten, leicht mit Pfeffer würzen.

4
Eine Form ausfetten (Seite 8) und die Wurstscheiben darin verteilen.

5
Die Äpfel und den Lauch im verbliebenen Bratfett schwenken, mit Salz und Pfeffer würzen. Mit dem Calvados ablöschen, aufwallen lassen und alles über der Blutwurst verteilen. Mit dem Käse bestreuen (Seite 64) und im Backofen (Mitte) etwa 15 Minuten gratinieren.

Mit Bauernbrot oder Bratkartoffeln servieren.

Zubereitungszeit:
etwa 45 Minuten

Kässpätzle mit Räucherwurst

Im Bild unten

Dieses typisch schwäbische Gericht wurde hier mit Räucherwurst und saurer Sahne verfeinert.

Kurzrezept

- Spätzle kochen
- Zwiebelringe und Wurstscheiben dünsten
- Spätzle und Zwiebel-Wurst-Mischung in eine Form füllen, mit Käse bestreuen
- Sahne mit Käse verrühren, darüber gießen

Preiswert

Zutaten für 4 Personen:
Salz
500 g Spätzle
250 g Zwiebeln
1 EL Öl
250 g Räucherwurst
2 Bund Schnittlauch
150 g Bergkäse, frisch gerieben
schwarzer Pfeffer, frisch gemahlen
150 g saure Sahne
Fett für die Form
Pro Portion etwa:
4100 kJ/980 kcal

1
Reichlich Salzwasser zum Kochen bringen und die Spätzle darin nach Packungsanweisung bißfest garen. In ein Sieb abgießen und mit kaltem Wasser abschrecken.

2
Die Zwiebeln schälen und in feine Ringe schneiden (Seite 8). Das Öl in einer großen Pfanne erhitzen und die Zwiebeln darin bei schwacher Hitze weich dünsten.

3
Inzwischen die Wurst häuten und in dünne Scheiben schneiden. Zu den Zwiebeln geben und etwa 2 Minuten mitdünsten lassen. Den Backofen auf 220° vorheizen.

4
Den Schnittlauch waschen, fein schneiden und unter die Zwiebeln mischen.

5
Eine feuerfeste Form ausfetten (Seite 8) und die Spätzle abwechselnd mit der Zwiebel-Wurst-Mischung einschichten. Jede Schicht mit etwas geriebenem Käse bestreuen, salzen und pfeffern.

6
Die saure Sahne mit dem restlichen Käse verrühren und auf der Oberfläche verteilen (Seite 28). Die Kässpätzle im Backofen (Mitte) etwa 20 Minuten überbacken.

Zubereitungszeit: etwa 40 Minuten

Kalbsmedaillons mit Parmesan

Im Bild oben

Ein Gästeessen, das sich gut vorbereiten läßt. Reichen Sie dazu einen bunten Blattsalat oder frisches Gemüse.

Kurzrezept

- Gehackte Petersilie, Parmesan, Semmelbrösel und gedünstete Zwiebeln mischen
- Kurz gebratene Kalbsmedaillons würzen, mit Senf bestreichen
- Zwiebelmischung darauf verteilen, goldbraun überbacken

Festlich

Zutaten für 4 Personen:
250 g Zwiebeln
20 g Butter
2 Bund Petersilie
3 EL Parmesan, frisch gerieben
3 EL Semmelbrösel
2 EL Öl
750 g Kalbsfilet (vom Metzger in 8 Medaillons schneiden lassen)
Salz
schwarzer Pfeffer, frisch gemahlen
2 EL mittelscharfer Senf
Fett für die Form

Pro Portion etwa:
1400 kJ/330 kcal

1
Die Zwiebeln schälen, fein hacken. Die Butter in einer Pfanne zerlassen, die Zwiebeln darin glasig dünsten und in eine Schüssel geben.

2
Die Petersilie waschen und trockenschütteln. Die Blättchen abzupfen, fein hacken und mit dem Parmesan und den Semmelbröseln unter die gedünsteten Zwiebeln mischen. Den Backofen auf 220° vorheizen.

3
Das Öl in einer großen Pfanne erhitzen. Die Kalbsmedaillons darin etwa 5 Minuten anbraten, dabei einmal wenden. Herausnehmen und mit Salz und Pfeffer würzen.

4
Eine große oder zwei kleine Auflaufformen ausfetten (Seite 8). Die Kalbsmedaillons hineinlegen und dünn mit dem Senf bestreichen. Die Zwiebelmischung gleichmäßig darauf verteilen und die Kalbsmedaillons im Backofen (Mitte) in etwa 10 Minuten goldbraun überbacken.

Zubereitungszeit: etwa 35 Minuten

Tortellinigratin

Im Bild unten

Am besten eignen sich frische Tortellini, getrocknete müssen länger gegart werden und sind nicht ganz so saftig.

Kurzrezept

- Zwiebeln, Knoblauch und Zucchiniraspel dünsten
- Gekochte Tortellini und Gemüse in die Form füllen
- Eigelbe mit Milch, Eischnee und Parmesan mischen
- Über die Tortellini und Zucchini gießen, mit restlichem Parmesan bestreuen

Gelingt leicht

Zutaten für 6 Personen:
Salz
500 g Tortellini (Fertigprodukt)
500 g Zucchini
2 Zwiebeln
2 EL Olivenöl
2 Knoblauchzehen
weißer Pfeffer, frisch gemahlen
1 TL getrockneter Oregano
3 Eier, getrennt
1/8 l Milch
100 g Parmesan, frisch gerieben
Muskatnuß, frisch gerieben
Fett für die Form
Pro Portion etwa: 1600 kJ/380 kcal

1
Salzwasser aufkochen. Die Tortellini darin garen, dann in einem Sieb abtropfen lassen. Den Backofen auf 200° vorheizen.

2
Die Zucchini waschen, von den Enden befreien und grob raspeln (Seite 8). Die Zwiebeln schälen, fein hacken und in dem Olivenöl andünsten. Die Zucchiniraspel hinzufügen. Den Knoblauch schälen und dazupressen. Alles etwa 5 Minuten dünsten. Eine Form ausfetten.

3
Gemüse mit Salz, Pfeffer und Oregano würzen. Die Tortellini und die Zucchini streifenförmig hineinfüllen.

4
Eigelbe mit Milch verquirlen. Eiweiße steif schlagen und mit der Hälfte des Parmesans unter die Eiermilch mischen (Seite 46). Mit Salz, Pfeffer und Muskat würzen, über das Gratin gießen. Mit dem restlichen Parmesan bestreuen. Im Backofen (Mitte) etwa 30 Minuten überbacken.

Zubereitungszeit: etwa 1 1/2 Stunden

Brokkoli-Kartoffel-Gratin

Im Bild unten

Brokkoli können Sie durch Lauch oder Möhren ersetzen.

Kurzrezept

- Gekochte Kartoffeln in Scheiben schneiden
- Mit blanchierten Brokkoliröschen und Kasselerstreifen einschichten
- Sahne, Milch, Eier, Käse und Gewürze mischen, darüber gießen

Preiswert

Zutaten für 4 Personen:
600 g gekochte Kartoffeln
Salz
700 g Brokkoli
250 g Kasseler in dünnen Scheiben
250 g Sahne
1/4 l Milch
3 Eier
100 g Gouda, frisch gerieben
schwarzer Pfeffer, frisch gemahlen
Muskatnuß, frisch gerieben
1 Knoblauchzehe
Fett für die Form
Pro Portion etwa: 2800 kJ/670 kcal

1
Die gekochten Kartoffeln schälen und in etwa 1/2 cm dicke Scheiben schneiden.

2
Reichlich Salzwasser in einem großen Topf erhitzen. Den Brokkoli putzen und in Röschen teilen. Die dicken Stiele schälen und in Scheiben schneiden. Den Brokkoli im kochenden Salzwasser etwa 3 Minuten blanchieren, kalt abschrecken und abtropfen lassen.

3
Das Kasseler in fingerbreite Streifen schneiden. Den Backofen auf 200° vorheizen.

4
Die Sahne mit der Milch und den Eiern gut verquirlen. Den Käse untermischen und die Masse mit Salz, Pfeffer und Muskat würzen. Den Knoblauch schälen und dazupressen (Seite 28).

5
Eine Form ausfetten (Seite 8). Die Kartoffelscheiben abwechselnd mit dem Brokkoli in die Form schichten, die Kasselerstreifen dazwischen verteilen. Die Käse-Eier-Milch darüber gießen und das Gratin im Backofen (Mitte) etwa 25 Minuten garen.

Zubereitungszeit: etwa 1 1/2 Stunde

Gorgonzola-Eier auf Sahnelauch

Im Bild oben

Kurzrezept

- Crème fraîche, Zitronensaft, Pinienkerne, Gewürze und blanchierte Lauchringe mischen
- In eine feuerfeste Form geben
- Gorgonzola mit gekochten Eigelben und Gewürzen mischen, in die Eihälften füllen
- Auf dem Sahnelauch verteilen, überbacken

Raffiniert

Zutaten für 4 Personen:
8 Eier
600 g Lauch
Salz
200 g Crème fraîche
schwarzer Pfeffer, frisch gemahlen
1–2 EL Zitronensaft
2 EL Pinienkerne
150 g Sahnegorgonzola
Muskatnuß, frisch gerieben
Fett für die Form

Pro Portion etwa:
2200 kJ/520 kcal

1

Die Eier in etwa 10 Minuten hart kochen und kalt abschrecken. Den Backofen auf 200° vorheizen.

2

Den Lauch putzen, längs aufschlitzen, gründlich waschen und in sehr schmale Ringe schneiden. Salzwasser aufkochen und die Lauchringe darin etwa 1 Minute blanchieren, eiskalt abschrecken und in einem Sieb sehr gut abtropfen lassen (Seite 8).

3

Die Crème fraîche mit Pfeffer, Zitronensaft und den Pinienkernen in einer Schüssel verrühren. Den Lauch etwas ausdrücken und untermischen. Die Masse mit Salz würzen.

4

Die Eier pellen, längs halbieren und die Eigelbe herauslösen. Den Sahnegorgonzola mit den Eigelben gut vermischen und mit Salz, Pfeffer und Muskatnuß würzen. Die Masse in die Eihälften füllen.

5

Eine große oder zwei kleine Formen ausfetten (Seite 8), die Lauchmasse hineingeben und die gefüllten Eihälften darauf setzen. Im Backofen (Mitte) etwa 25 Minuten überbacken.

Zubereitungszeit: etwa 50 Minuten

Gratiniertes Schweinefilet

Feiner wird's mit Kalbs- oder Rinderfilet. Besonders leicht bekömmlich ist das Gericht mit Putenbrust.

Kurzrezept

- Zwiebel, Pilze, Knoblauch dünsten, Petersilie unterrühren
- In eine Form geben, Schweinemedaillons darauf verteilen
- Mit Mozzarella belegen und mit Olivenöl beträufeln

Für Gäste

Zutaten für 4 Personen:
750 g Schweinefilet
4 EL Olivenöl
Salz
schwarzer Pfeffer, frisch gemahlen
1 kleine Zwiebel
500 g Champignons
1 Knoblauchzehe
1 Bund glatte Petersilie
3 Kugeln Mozzarella (je 150 g)
Fett für die Form

Pro Portion etwa:
2600 kJ/620 kcal

1

Vom Schweinefilet Häutchen und Fettstückchen sorgfältig abschneiden. Das Filet in 12 gleich dicke Scheiben schneiden und diese mit dem Handballen flachdrücken.

2

2 Eßlöffel Olivenöl in einer großen Pfanne erhitzen und die Schweinemedaillons darin etwa 4 Minuten braten, dabei einmal wenden. Aus der Pfanne nehmen, mit Salz und Pfeffer würzen.

3

Den Backofen auf 200° vorheizen. Die Zwiebel schälen und fein hacken. 1 Eßlöffel Olivenöl erhitzen und die Zwiebel darin bei schwacher Hitze weich dünsten.

4

Die Champignons putzen, trocken abreiben oder kurz abbrausen und in Scheiben schneiden (Seite 8). Zu der Zwiebel geben und mitdünsten. Den Knoblauch schälen und dazupressen. Das Gemüse so lange dünsten, bis fast alle Flüssigkeit verdampft ist.

5

Die Petersilie abbrausen, trockenschütteln, die Blättchen abzupfen und fein hacken. Unter die Champignons rühren und die Masse mit Salz und Pfeffer würzen. Die Mozzarellakugeln in insgesamt 12 Scheiben schneiden.

6

Eine Auflaufform ausfetten (Seite 8) und das Champignongemüse einfüllen. Die Schweinemedaillons darauf verteilen und mit je 1 Scheibe Mozzarella belegen (Seite 64). Mit Pfeffer würzen und mit dem restlichen Olivenöl beträufeln.

7

Im Backofen (Mitte) etwa 15 Minuten gratinieren, bis der Käse zu schmelzen beginnt.

Dazu passen ofenwarmes Baguette und Kopfsalat sowie ein leichter italienischer Weißwein.

Zubereitungszeit: etwa 1 1/4 Stunden

Kabeljaugratin mit Auberginen

Im Bild oben

Kurzrezept

- Zwiebel, Knoblauch und Auberginenwürfel kräftig anbraten
- Zitronensaft, Tomatenmark, Gewürze untermischen
- Die Masse auf den Fischfilets verteilen
- Mit Mozzarellascheiben belegen

Südländisch

Zutaten für 4 Personen:
1 große Zwiebel
3 EL Olivenöl
4 Knoblauchzehen
750 g Auberginen
Saft von 1/2 Zitrone
2 EL Tomatenmark
Salz
schwarzer Pfeffer, frisch gemahlen
1 TL frischer Rosmarin (oder 1/2 TL getrockneter)
1 TL frischer Thymian (oder 1/2 TL getrockneter)
800 g Kabeljaufilet
1 Kugel Mozzarella (150 g)
Fett für die Form

Pro Portion etwa:
1400 kJ/330 kcal

1
Die Zwiebel schälen und fein hacken. 1 Eßlöffel Olivenöl erhitzen, die Zwiebel darin andünsten. Den Knoblauch schälen und durch die Presse dazudrücken.

2
Die Auberginen waschen, von den Enden befreien und erst in Scheiben, dann in kleine Würfel schneiden (Seite 8). Zu der Zwiebel geben und etwa 8 Minuten kräftig anbraten.

3
1 Eßlöffel Zitronensaft über die Auberginenwürfel träufeln, das Tomatenmark untermischen und alles kräftig mit Salz, Pfeffer, Rosmarin und Thymian würzen.

4
Den Backofen auf 180° vorheizen. Eine Auflaufform ausfetten.

5
Den Fisch kalt abspülen und trockentupfen, mit dem restlichen Zitronensaft beträufeln, salzen, pfeffern und in die Auflaufform legen. Das Auberginengemüse darauf verteilen.

6
Den Mozzarella in dünne Scheiben schneiden und auf das Gemüse legen (Seite 8). Das Gratin im Backofen (Mitte) 15–20 Minuten backen.

Zubereitungszeit:
etwa 1 1/4 Stunden

Fischcurry

Im Bild unten

Kurzrezept

- Fischfilets marinieren
- Mit Champignons und Selleriestreifen einfüllen
- Weißwein angießen
- Gewürzten Quark auf dem Fisch verteilen

Gelingt leicht

Zutaten für 4 Personen:
600 g Schollenfilets
1–2 EL Zitronensaft
Salz
weißer Pfeffer, frisch gemahlen
4 TL Currypulver
500 g Champignons
20 g Butter
3 Knoblauchzehen
250 g Stangensellerie
100 ml trockener Weißwein
250 g Sahnequark
Fett für die Form

Pro Portion etwa:
1200 kJ/290 kcal

1
Die Schollenfilets kalt abspülen, trockentupfen, mit Zitronensaft beträufeln, mit Salz, Pfeffer und der Hälfte des Currys würzen. Zugedeckt etwa 30 Minuten kalt stellen.

2
Die Champignons putzen, kurz abbrausen und in feine Scheiben schneiden (Seite 8). Die Butter zerlassen und die Champignons darin bei mittlerer Hitze andünsten. Den Knoblauch schälen und dazupressen. Die Pilze mit Salz und Pfeffer würzen und so lange dünsten, bis fast alle Flüssigkeit verdampft ist.

3
Salzwasser aufkochen. Sellerie putzen, waschen und in etwa 1 cm dicke Streifen schneiden. In dem Salzwasser etwa 6 Minuten garen (Seite 8), abgießen, gut abtropfen lassen. Den Backofen auf 220° vorheizen.

4
Eine Form ausfetten (Seite 8). Den Fisch abwechselnd mit den Pilzen und dem Sellerie hineinfüllen. Den Weißwein angießen. Alles im Backofen (Mitte) etwa 10 Minuten garen.

5
Den Quark mit Salz und Pfeffer würzen. Die Form aus dem Backofen nehmen, den Quark gleichmäßig auf dem Fisch verteilen, glattstreichen und mit dem restlichen Curry bestäuben. Das Ganze im Backofen weitere 8–10 Minuten überbacken.

Zubereitungszeit: etwa 50 Minuten

Thunfischgratin mit Reis

Kaufen Sie nur Thunfisch aus delphinfreundlichem Fang. Einen entsprechenden Aufdruck finden Sie auf der Dose.

Kurzrezept
- Reis kochen
- Mit Thunfisch, Petersilie, gedünsteter Zwiebel, Knoblauch und blanchierten Erbsen mischen, mit Tomaten einschichten
- Eiermilch darüber gießen, mit Käse bestreuen

Gut vorzubereiten

Zutaten für 4–6 Personen:
200 g Reis
Salz
1 große Zwiebel
2 EL Olivenöl
2 Knoblauchzehen
100 g Erbsen (frisch gepalt oder tiefgekühlt)
2–3 mittelgroße Fleischtomaten
3 Dosen Thunfisch im eigenen Saft (je 200 g)
2 Bund glatte Petersilie
schwarzer Pfeffer, frisch gemahlen
1 Msp. Cayennepfeffer
2 Eier
1/4 l Milch
50 g Emmentaler, frisch gerieben
Fett für die Form

Bei 6 Personen pro Portion etwa:
1900 kJ/450 kcal

1
Salzwasser zum Kochen bringen und den Reis darin etwa 20 Minuten bei schwacher Hitze quellen lassen.

2
Die Zwiebel schälen und fein würfeln. Das Öl in einer Pfanne erhitzen und die Zwiebel darin weich dünsten. Den Knoblauch schälen und dazupressen.

3
Salzwasser aufkochen. Die Erbsen darin etwa 2 Minuten blanchieren (Seite 8), in ein Sieb geben, eiskalt abbrausen und abtropfen lassen.

4
Die Fleischtomaten mit kochendem Wasser überbrühen, häuten und achteln, dabei von den Stielansätzen befreien. Den Reis abgießen und in einem Sieb gut abtropfen lassen.

5
Den Thunfisch aus der Dose nehmen, in einem Sieb gut abtropfen lassen und mit einer Gabel grob zerpflücken. Die Petersilie waschen, trockenschütteln, die Blättchen abzupfen und grob hacken.

6
Den Backofen auf 220° vorheizen. Eine Form ausfetten (Seite 8). Den Reis mit der Zwiebel-Knoblauch-Mischung, den Erbsen, dem Thunfisch und der Petersilie mischen. Mit Salz, Pfeffer und Cayennepfeffer kräftig würzen. Die Hälfte der Masse in die Auflaufform füllen und glattstreichen. Die Tomatenachtel darauf verteilen und mit der restlichen Reis-Mischung bedecken.

7
Die Eier mit der Milch verquirlen. Die Eiermilch mit Salz und Pfeffer würzen, über den Auflauf gießen und mit dem Käse gleichmäßig bestreuen (Seite 28). Das Gratin im Backofen (Mitte) etwa 25 Minuten überbacken.

Zubereitungszeit:
etwa 1 1/2 Stunden

Zum Sattessen

Diese Aufläufe sind komplette, sättigende Mahlzeiten, und für ihre Vorbereitung muß man etwas mehr Zeit einplanen: Gemüse wird geputzt, zerkleinert, blanchiert, Nudeln werden vorgekocht, Eiermilch oder luftige Schneehauben angerührt, Käse gerieben. Sind die Zutaten aber erst einmal eingeschichtet, können Sie sich entspannen und den Auflauf allein der Ofenhitze überlassen.

Rühren, was das Zeug hält
Für die Eiermilch die Eier in einer Schüssel mit dem Schneebesen gründlich verquirlen.

Üppig oder schlank?
Jetzt wird die Milch nach und nach unter die Eier gerührt. Je nach Rezept und persönlichem Geschmack können Sie auch Sahne oder Crème fraîche pur oder mit Milch gemischt dazugeben.

Die richtige Würze macht's
Zum Schluß werden der geriebene Käse oder auch Frischkäse und eventuell Kräuter und Gewürze untergerührt.

Die ideale Verbindung
Sind die Zutaten in die Form geschichtet, wird die Eiermilch gleichmäßig darüber gegossen. Sie verbindet die Zutaten miteinander, und der Auflauf bleibt schön saftig.

Und dazu ein Salat
Ein bunter Salat ist die ideale Ergänzung für einen Auflauf. Kombinieren Sie die Zutaten je nach Angebot der Saison. Begießen Sie den Salat mit einer würzigen Vinaigrette und bestreuen Sie ihn reichlich mit frischen, gehackten Kräutern.

Vinaigrette
Verrühren Sie 4 EL Öl (Olivenöl, Nußöl, Sonnenblumenöl) mit 3 EL Essig (Rotweinessig, Weißweinessig, Kräuteressig ...), 1 TL Senf, Salz, Pfeffer und frisch gehackten Kräutern (Schnittlauch, Petersilie, Kerbel, Dill, Basilikum ...). Diese Vinaigrette reicht für vier Portionen.
Besonders fein schmeckt es, wenn Sie den Salat mit kleinen Käsewürfeln, Brotcroûtons, gerösteten Nüssen oder Sesamsamen, Sonnenblumenkernen oder gebratenen Speckwürfeln bestreuen.

Rigatoniauflauf

Im Bild unten

Kurzrezept

- Gemüse dünsten
- Rigatoni kochen, mit Gemüse einfüllen
- Eiermilch darüber gießen
- Eischnee, Knoblauch, Mandeln mischen

Vegetarisch

Zutaten für 6 Personen:
400 g Rigatoni (kurze dicke Röhrennudeln)
Salz
350 g Zucchini
150 g Möhren
2 Zwiebeln
2 EL Olivenöl
4 Knoblauchzehen
schwarzer Pfeffer, frisch gemahlen
3 Eier
1/8 l Milch
Muskatnuß, frisch gerieben
3 EL gemahlene Mandeln
Fett für die Form
Pro Portion etwa:
2300 kJ/550 kcal

1
Die Rigatoni in reichlich Salzwasser bißfest garen, in ein Sieb abgießen und gut abtropfen lassen.

2
Die Zucchini waschen, von den Enden befreien und grob raspeln.
Die Möhren waschen, schälen und ebenfalls grob raspeln (Seite 8).

3
Den Backofen auf 200° vorheizen. Die Zwiebeln schälen und fein hacken. Das Öl erhitzen und die Zwiebeln darin weich dünsten. 2 Knoblauchzehen schälen und dazupressen. Die Zucchini- und Möhrenraspel hinzufügen und etwa 5 Minuten mitdünsten lassen. Mit Salz und Pfeffer würzen.

4
Eine Form ausfetten. Die Rigatoni und das Gemüse streifenförmig einfüllen (Seite 28). Die Eier trennen (Seite 46). Die Eigelbe mit der Milch verquirlen, mit Salz, Pfeffer und Muskat würzen (Seite 28). Den Auflauf mit der Eiermilch begießen und im Backofen (Mitte) etwa 15 Minuten backen.

5
Die Eiweiße steif schlagen. Die restlichen Knoblauchzehen schälen und dazupressen, die Mandeln unterheben. Den Auflauf aus dem Ofen nehmen, die Eischneemasse darauf streichen und alles weitere 15 Minuten überbacken.

Zubereitungszeit: etwa 1 1/4 Stunden

Kartoffel-Kasseler-Auflauf

Im Bild oben

Da Kasseler bereits ziemlich würzig ist, sollten Sie mit Salz sparsam umgehen.

Kurzrezept

- Rohe Kartoffelraspel, Kasselerwürfel, Schnittlauchröllchen, Knoblauch und Gewürze mischen
- In eine Form füllen
- Eiermilch mit Gouda verrühren, darüber gießen

Preiswert

Zutaten für 4 Personen:
750 g Kartoffeln
400 g Kasseler ohne Knochen
3 Bund Schnittlauch
4 Knoblauchzehen
Salz
schwarzer Pfeffer, frisch gemahlen
3/8 l Milch
2 Eier
100 g mittelalter Gouda, frisch gerieben
Fett für die Form

Pro Portion etwa:
2300 kJ/550 kcal

1
Die Kartoffeln waschen, schälen und, falls nötig, nochmals kurz abbrausen. Auf einer Gemüsereibe oder mit der Küchenmaschine grob raspeln und in eine Schüssel füllen (Seite 8).

2
Den Backofen auf 200° vorheizen. Das Kasseler in kleine Würfel schneiden. Den Schnittlauch waschen, trockenschütteln und in feine Röllchen schneiden. Mit dem Kasseler zu den Kartoffeln geben. Den Knoblauch schälen und durch die Presse dazudrücken. Alles mischen, salzen und pfeffern.

3
Eine Auflaufform ausfetten (Seite 8), die Kartoffelmischung einfüllen, die Oberfläche glattstreichen.

4
Die Milch mit den Eiern verquirlen und den Gouda unterrühren (Seite 28). Den Auflauf damit begießen und im Backofen (Mitte) etwa 45 Minuten garen.

Zubereitungszeit:
etwa 1 1/4 Stunden

Pfannkuchen-Gemüse-Lasagne

Etwas aufwendig, dafür aber ganz besonders köstlich.

Kurzrezept

- Sesamteig anrühren, Pfannkuchen backen
- Auberginen, Tomaten, Knoblauch und Gewürze schmoren
- Schafkäse und gehackte Minze unterrühren
- Pfannkuchen und Gemüsemasse abwechselnd einschichten
- Mit Parmesan bestreuen

Vegetarisch

Zutaten für 6 Personen:

2 EL Sesam
120 g Mehl
1 Ei
1/4 l Milch
Salz
50 g Butterschmalz
800 g Auberginen
4 EL Olivenöl
600 g Fleischtomaten
3 Knoblauchzehen
schwarzer Pfeffer, frisch gemahlen
2 TL getrockneter Oregano
1 Bund Minze
350 g Schafkäse
3 EL Parmesan, frisch gerieben
Fett für die Form

Pro Portion etwa:
1900 kJ/460 kcal

1

Den Sesam in einer beschichteten Pfanne ohne Fett unter ständigem Rühren rösten. Aus Mehl, Ei, Milch, Salz und Sesam einen Teig rühren. Das Butterschmalz in einer Pfanne mit hohem Rand erhitzen und darin nacheinander 4–6 Pfannkuchen backen. (Vorsicht Spritzgefahr!)

2

Die Auberginen waschen, von den Enden befreien und in Würfel von etwa 1 cm Kantenlänge schneiden. 3 Eßlöffel Olivenöl in einer Pfanne erhitzen und die Auberginen darin unter Rühren rundum kräftig anbraten.

3

Wasser aufkochen, die Tomaten damit überbrühen, häuten und grob hacken, dabei die Stielansätze entfernen. Die Tomaten zu den Auberginen geben und alles etwa 10 Minuten schmoren lassen. Den Backofen auf 200° vorheizen.

4

Den Knoblauch schälen und durch die Presse in das Gemüse drücken. Alles verrühren und mit Salz, Pfeffer und dem Oregano würzen.

5

Die Minze waschen, trockenschütteln, die Blättchen abzupfen und in feine Streifen schneiden. Den Schafkäse mit einer Gabel gut zerdrücken und mit der Minze unter das Auberginen-Tomaten-Gemüse rühren.

6

Eine Auflaufform ausfetten (Seite 8) und die Pfannkuchen abwechselnd mit der Gemüsemasse einschichten. Die letzte Schicht sollte aus Pfannkuchen bestehen. Mit dem restlichen Olivenöl beträufeln und mit dem Parmesan bestreuen. Im Backofen (Mitte) etwa 30 Minuten garen.

Zubereitungszeit: etwa 1 1/2 Stunden

Leberauflauf mit Champignons

Im Bild oben

Kurzrezept

- Speck, Zwiebeln und Champignons dünsten
- Kalbsleber anbraten
- Mit Eigelben, Brot, Käse mischen
- Eischnee unterheben

Braucht etwas Zeit

Zutaten für 4 Personen:
3 Brötchen vom Vortag
1 große Zwiebel
3 Frühlingszwiebeln
100 g fetter Speck
500 g Champignons
Salz
schwarzer Pfeffer, frisch gemahlen
1 TL abgeriebene Schale einer unbehandelten Zitrone
400 g Kalbsleber
1 EL Mehl
3 Eier, getrennt
80 g Parmesan, frisch gerieben
2 Bund Basilikum
Fett für die Form
Butterflöckchen
Pro Portion etwa:
2500 kJ/600 kcal

1

Die Brötchen einweichen. Die Zwiebel schälen und klein würfeln. Die Frühlingszwiebeln putzen, in dünne Ringe schneiden. Den Speck klein würfeln, bei schwacher Hitze auslassen. Die Zwiebelwürfel und die Frühlingszwiebeln dazugeben.

2

Die Champignons putzen, halbieren und mitdünsten, bis fast alle Flüssigkeit verdampft ist. Mit Salz, Pfeffer und Zitronenschale würzen. Alles in eine Schüssel geben und mischen.

3

Die Kalbsleber in schmale Streifen schneiden, mit Mehl bestäuben. Im verbliebenen Bratfett kurz anbraten. Den Backofen auf 200° vorheizen.

4

Die Eigelbe mit den gut ausgedrückten Brötchen, der Hälfte des Parmesans und den Champignons mischen. Das Basilikum in schmale Streifen schneiden und mit der Leber unterheben. Salzen und pfeffern.

5

Die Eiweiße steif schlagen und unter die Lebermasse heben. Eine Form ausfetten, die Mischung einfüllen. Mit dem restlichen Parmesan bestreuen und mit Butterflöckchen besetzen (Seite 64). Im Backofen (Mitte) in 20–25 Minuten goldbraun überbacken.

Zubereitungszeit: etwa 1 1/4 Stunden

Tofuauflauf mit Möhren

Im Bild unten

Kurzrezept

- Gemüse dünsten
- Gekochte Nudeln in die Form geben
- Mit Tofuscheiben belegen
- Gemüsesauce darüber verteilen

Gelingt leicht

Zutaten für 4 Personen:
2 Zwiebeln
300 g Möhren
2 EL Olivenöl
500 g Tomatenfruchtfleisch in Stückchen (Fertigprodukt)
2 TL getrockneter Oregano
Salz
schwarzer Pfeffer, frisch gemahlen
1/2 Bund Basilikum
250 g Spinat-Bandnudeln
200 g Algen-Räuchertofu (aus dem Reformhaus)
3 EL Sojasauce
Fett für die Form

Pro Portion etwa:
1600 kJ/380 kcal

1
Die Zwiebeln schälen und fein hacken. Die Möhren waschen, schälen und in feine Scheiben schneiden. Das Olivenöl in einem Topf erhitzen und die Zwiebeln darin bei schwacher Hitze andünsten. Die Möhren dazugeben und kurz mitdünsten lassen.

2
Die Tomatenstückchen mit dem Saft einrühren. Den Oregano einstreuen. Alles zusammen etwa 10 Minuten im offenen Topf bei schwacher Hitze köcheln lassen, mit Salz und Pfeffer würzen. Das Basilikum waschen, trockenschütteln, die Blättchen abzupfen, fein hacken und in die Sauce geben.

3
Die Spinat-Bandnudeln in reichlich Salzwasser nach Packungsanweisung bißfest kochen. Den Backofen auf 200° vorheizen.

4
Eine Auflaufform ausfetten (Seite 8). Die Nudeln in ein Sieb schütten, mit kaltem Wasser abschrekken, gut abtropfen lassen und in die Form geben.

5
Den Tofu in etwa 3 mm dicke Scheiben schneiden, auf die Nudeln legen und mit der Sojasauce beträufeln. Die Möhren-Tomaten-Sauce darüber gießen. Den Auflauf im Backofen (Mitte) etwa 20 Minuten garen.

Zubereitungszeit:
etwa 1 1/4 Stunden

Sauerkrautauflauf

Sauerkraut ist besonders reich an Vitamin C und B_1 und sollte deshalb in der kalten Jahreszeit immer wieder auf dem Speisezettel stehen.

Kurzrezept

- Zwiebel, Sauerkraut, Lorbeerblatt, Wacholderbeeren, Weißwein und geraspelten Apfel köcheln lassen
- Sauerkraut mit Kartoffelpüree und saurer Sahne mischen
- Auf dem Kasseler verteilen, mit Speckscheiben belegen

Deftig

Zutaten für 4 Personen:
1 Zwiebel
1 EL Öl
500 g Sauerkraut
1 Lorbeerblatt
2 Wacholderbeeren
1/8 l Weißwein
Salz
schwarzer Pfeffer, frisch gemahlen
1 säuerlicher Apfel
4 Portionen Kartoffelpüree (Fertigprodukt)
Muskatnuß, frisch gerieben
4 Kasseler ohne Knochen (je etwa 180 g)
100 g saure Sahne
100 g Speck in Scheiben
Fett für die Form

Pro Portion etwa:
3400 kJ/810 kcal

1
Die Zwiebel schälen und fein hacken. Das Öl in einem Topf erhitzen und die Zwiebel darin bei schwacher Hitze glasig dünsten.

2
Das Sauerkraut grob zerpflücken, mit dem Lorbeerblatt und den Wacholderbeeren zur Zwiebel geben. Den Weißwein angießen und alles mit Salz und Pfeffer würzen.

3
Den Apfel schälen und auf einer Gemüsereibe direkt über dem Topf ins Sauerkraut reiben. Alles bei schwacher Hitze etwa 20 Minuten leise köcheln lassen.

4
Inzwischen das Kartoffelpüree nach Packungsanleitung mit Milch oder Wasser zubereiten. Mit Salz, Pfeffer und Muskat würzen. Den Backofen auf 220° vorheizen. Eine Auflaufform ausfetten und die Kasselerscheiben nebeneinander hineinlegen (Seite 8).

5
Das Lorbeerblatt und möglichst auch die Wacholderbeeren aus dem Sauerkraut nehmen. Das Kartoffelpüree und die saure Sahne unter das Sauerkraut mischen und diese Masse gleichmäßig auf dem Kasseler verteilen.

6
Den Speck von der Schwarte befreien und die Scheiben nebeneinander auf den Auflauf legen. Im Backofen (Mitte) 20–25 Minuten überbacken, bis der Speck kroß ist.

Zubereitungszeit:
etwa 1 1/4 Stunden

TIP
Wenn Sie noch gekochte Kartoffeln vom Vortag übrig haben, können Sie diese in kleine Würfel schneiden und statt des Kartoffelpürees unter das Sauerkraut mischen.

Wirsingauflauf mit Lyoner

Im Bild oben

Kurzrezept

- Blanchierte Wirsingstreifen, Lyonerwürfel, Magerquark, Eier, Semmelbrösel und Schnittlauch mischen
- In der Form mit Parmesan und Semmelbröseln bestreuen
- Mit Butterflöckchen besetzen

Preiswert

Zutaten für 4 Personen:
1 kleiner Wirsing (etwa 750 g)
Salz
500 g Lyoner
250 g Magerquark
3 Eier
4 EL Semmelbrösel
1 Bund Schnittlauch
schwarzer Pfeffer, frisch gemahlen
1 TL Paprikapulver, edelsüß
50 g Parmesan, frisch gerieben
Fett für die Form
Butterflöckchen zum Besetzen

Pro Portion etwa:
2300 kJ/550 kcal

1

Den Wirsing putzen, vierteln und dabei den Strunk herausschneiden. Die Wirsingviertel kurz unter fließendem Wasser abbrausen. Salzwasser zum Kochen bringen. Die Wirsingviertel in schmale Streifen schneiden und in dem kochenden Wasser etwa 3 Minuten blanchieren (Seite 8). In einem Sieb abtropfen lassen und etwas ausdrücken. Den Backofen auf 200° vorheizen.

2

Die Lyoner pellen und in kleine Würfel schneiden. Den Magerquark mit den Eiern und 2 Eßlöffeln Semmelbrösel verrühren. Den Schnittlauch waschen, trockenschütteln und in feine Röllchen schneiden. Mit dem Magerquark, der Wurst und den Wirsingstreifen verrühren. Die Masse mit Salz, Pfeffer und Paprika abschmecken.

3

Eine Auflaufform ausfetten (Seite 8), die Mischung hineinfüllen und glattstreichen. Den Parmesan mit den restlichen Semmelbröseln mischen. Den Auflauf damit bestreuen und mit den Butterflöckchen besetzen (Seite 64).

4

Den Auflauf im Backofen (Mitte) 30–40 Minuten garen.

Zubereitungszeit: etwa 1 1/2 Stunden

Gratinierte Bohnenpäckchen

Im Bild unten

Kurzrezept

- Gekochte Bohnen in Speck wickeln
- Mit Kartoffelvierteln in die Form geben
- Frischkäse mit Milch und Ei verrühren
- Auf den Bohnenpäckchen verteilen

Gelingt leicht

Zutaten für 4 Personen:

750 g mehligkochende Kartoffeln
1 TL Kümmel
600 g Bohnen · Salz
2 Zweige frisches Bohnenkraut
12 dünne Scheiben durchwachsener Speck
200 g Frischkäse
4 EL Milch · 1 Ei
2 Knoblauchzehen
schwarzer Pfeffer, frisch gemahlen
Muskatnuß, frisch gerieben
Fett für die Form

Pro Portion etwa: 3100 kJ/740 kcal

1

Die Kartoffeln mit dem Kümmel in einem Topf knapp mit Wasser bedeckt in etwa 30 Minuten bei mittlerer Hitze garen.

2

Die Bohnen waschen und putzen. Mit dem Bohnenkraut in kochendem Salzwasser in etwa 10 Minuten bißfest garen (Seite 8). In ein Sieb schütten und gut abtropfen lassen.

3

Die Speckscheiben von der Schwarte befreien und auf einer Arbeitsfläche auslegen. Die Bohnen auf den Speckscheiben verteilen und die Scheiben aufrollen.

4

Die Kartoffeln pellen und vierteln. Eine Form ausfetten (Seite 8) und die Bohnenpäckchen abwechselnd mit den Kartoffelvierteln einfüllen. Den Backofen auf 200° vorheizen.

5

Den Frischkäse mit einer Gabel zerdrücken und mit der Milch und dem Ei glattrühren (Seite 28). Die Knoblauchzehen schälen und dazupressen. Alles verrühren und kräftig mit Salz, Pfeffer und Muskat würzen.

6

Die Mischung auf den Bohnen verteilen. Im Backofen (Mitte) 25–30 Minuten überbacken.

Zubereitungszeit: etwa 1 1/2 Stunden

Lammauflauf mit Gemüsezwiebeln

Kurzrezept

- Fleischwürfel anbraten
- Zwiebeln, Knoblauch, Rosinen, Pinienkerne, Gewürze anbraten
- Pilze braten, mit Wein ablöschen
- Abwechselnd Zwiebeln, Lamm und Pilze einschichten
- Mit Béchamelsauce begießen, mit Käse bestreuen

Braucht etwas Zeit

Zutaten für 4 Personen:
500 g Lammfleisch aus der Keule (ohne Knochen)
800 g Gemüsezwiebeln
2–3 Knoblauchzehen
2 EL Olivenöl
Salz
schwarzer Pfeffer, frisch gemahlen
2 EL Currypulver
2 EL Rosinen
2 EL Pinienkerne
600 g Austernpilze
60 g Butter
1/8 l trockener Weißwein
1 Prise Cayennepfeffer
1 EL Mehl
1/2 l Milch
100 g Pecorino, frisch gerieben
1 EL Zitronensaft
Muskatnuß, frisch gerieben
Pro Portion etwa:
3600 kJ/860 kcal

1

Das Lammfleisch von Fett und Sehnen befreien und klein würfeln. Die Gemüsezwiebeln schälen und in feine Ringe hobeln oder schneiden. Den Knoblauch schälen und fein hacken.

2

Das Öl erhitzen, die Fleischwürfel darin bei starker Hitze von allen Seiten anbraten. Herausnehmen, mit Salz und Pfeffer würzen und beiseite stellen.

3

Die Zwiebelringe und den Knoblauch im verbliebenen Bratfett bei schwacher Hitze glasig dünsten. Mit Salz und Pfeffer würzen, mit dem Curry bestäuben, die Rosinen und die Pinienkerne unterrühren.
Die Pfanne vom Herd nehmen.

4

Die Austernpilze putzen, kurz abbrausen und in schmale Streifen schneiden. 10 g Butter in einer großen Pfanne erhitzen und die Pilze darin kräftig anbraten. Mit dem Weißwein ablöschen und die Pilze mit Salz, Pfeffer und Cayennepfeffer würzen. Bei schwacher Hitze köcheln lassen, bis etwa die Hälfte der Flüssigkeit verdampft ist. Den Backofen auf 200° vorheizen.

5

In eine große feuerfeste Form zuerst die Hälfte der Gemüsezwiebeln füllen. Dann das Lammfleisch darauf verteilen. Die Hälfte der Pilze auf das Fleisch geben, darüber die restlichen Zwiebeln verteilen. Mit den restlichen Austernpilzen bedecken.

6

Für die Sauce die restliche Butter in einem Topf erhitzen. Das Mehl unter Rühren kurz darin anschwitzen, die Milch angießen und unter Rühren aufkochen. Die Hälfte des geriebenen Käses untermischen und mit Zitronensaft, Salz, Pfeffer und Muskat abschmecken. Die Sauce gleichmäßig über den Auflauf gießen. Mit dem restlichen Käse bestreuen. Im Backofen (Mitte) in etwa 40 Minuten goldbraun überbacken.

Zubereitungszeit: etwa 1 3/4 Stunden

TIP
Anstelle von Lamm können Sie auch Kalb- oder Geflügelfleisch nehmen.

Nudelauflauf mit Putenleber

Im Bild oben

Kurzrezept

- Putenleber, Nudeln, Frühlingszwiebeln, Tomaten, Mozzarellawürfel mischen
- Mit Mozzarellascheiben belegen

Raffiniert

Zutaten für 4 Personen:
500 g Putenleber
1 Bund Frühlingszwiebeln
10 g Butterschmalz
Salz
schwarzer Pfeffer, frisch gemahlen
250 g schmale, grüne Bandnudeln
2 große Fleischtomaten
2 Kugeln Mozzarella (je 150 g)
2 EL Olivenöl
2 TL frischer Oregano (oder 1 TL getrockneter)

Pro Portion etwa:
2800 kJ/670 kcal

1
Die Putenleber grob würfeln. Die Frühlingszwiebeln putzen, waschen und in schmale Ringe schneiden.

2
Das Butterschmalz erhitzen, die Leber darin kurz anbraten. Mit Salz und Pfeffer würzen, herausnehmen. Die Zwiebeln im verbliebenen Bratfett kurz schwenken.

3
Salzwasser in einem Topf zum Kochen bringen. Die Bandnudeln darin in 8–10 Minuten bißfest garen, abgießen und gut abtropfen lassen.

4
Tomaten mit kochendem Wasser überbrühen, häuten, entkernen und grob hacken, dabei von den Stielansätzen befreien. Den Backofen auf 200° vorheizen.

5
Den Mozzarella in etwa 1/2 cm dicke Scheiben schneiden, ein Drittel davon klein würfeln.

6
Eine Form mit Öl ausfetten (Seite 8). Die Nudeln mit der Putenleber, den Frühlingszwiebeln, den Tomaten und den Mozzarellawürfeln mischen, mit Salz, Pfeffer und Oregano würzen. In die Form füllen und mit den Mozzarellascheiben belegen. Mit Salz, Pfeffer und Oregano würzen und mit dem restlichen Öl beträufeln. Im Backofen (Mitte) etwa 25 Minuten überbacken.

Zubereitungszeit: etwa 1 1/4 Stunden

Schleifchennudeln mit Kräuterschaum

Im Bild unten

Kurzrezept

- Butter schaumig rühren
- Eigelbe, Käse, saure Sahne hinzufügen
- Kräuter, Knoblauch, gekochte Nudeln und Putenstreifen untermischen
- Kräuter-Eischnee darüber verteilen

Gelingt leicht

Zutaten für 4 Personen:
Salz
250 g Schleifchennudeln
250 g geräucherte Putenbrust in Scheiben
3 Eier
60 g Butter
80 g Bergkäse, frisch gerieben
150 g saure Sahne
schwarzer Pfeffer, frisch gemahlen
1/2 TL Muskatblüte, gemahlen
1 Bund gemischte Kräuter (wie Basilikum, Oregano, Petersilie, Zitronenmelisse, Estragon)
2 Knoblauchzehen
Fett für die Form
Pro Portion etwa:
2400 kJ/570 kcal

1
Reichlich Salzwasser zum Kochen bringen, die Nudeln darin bißfest garen. Abgießen, mit kaltem Wasser abschrecken und abtropfen lassen.

2
Die Putenbrustscheiben in Streifen schneiden. Die Eier trennen (Seite 46). Die Butter schaumig rühren und die Eigelbe, den Käse und die saure Sahne nach und nach hinzufügen. Die Masse mit Salz, Pfeffer und Muskat kräftig würzen. Den Backofen auf 200° vorheizen.

3
Die Kräuter waschen und trockenschütteln. Die Blättchen abzupfen, fein hacken und die Hälfte davon in die Eiermasse geben. Den Knoblauch schälen und durch die Presse dazudrücken. Die Nudeln und die Putenstreifen untermischen.

4
Eine Auflaufform ausfetten (Seite 8) und die Nudelmischung hineinfüllen. Die Eiweiße mit 1 Prise Salz zu sehr steifem Schnee schlagen und die restlichen Kräuter unterheben. Den Kräuter-Eischnee wolkenartig auf den Nudeln verteilen und den Auflauf im Backofen (Mitte) in etwa 25 Minuten goldbraun überbacken.

Zubereitungszeit: etwa 1 Stunde

Gemüse-Reis-Auflauf

Im Bild oben

Kurzrezept

- Zwiebel, Knoblauch und Spinat dünsten
- Mit Tomaten und Magerquark mischen
- Gekochten Reis unterrühren

Vegetarisch

Zutaten für 4 Personen:
Salz
200 g Reis
1 große Zwiebel
2 EL Olivenöl
2 Knoblauchzehen
500 g Spinat
400 g Fleischtomaten
250 g Magerquark
Pfeffer, frisch gemahlen
1 TL Paprikapulver, edelsüß
2 TL frischer Thymian (oder 1 TL getrockneter)
2 TL frischer Oregano (oder 1 TL getrockneter)
Fett für die Form

Pro Portion etwa:
1300 kJ/310 kcal

1
Salzwasser aufkochen. Den Reis darin etwa 20 Minuten bei schwacher Hitze quellen lassen. In ein Sieb abgießen und abkühlen lassen.

2
Die Zwiebel schälen und fein hacken. Das Olivenöl in einem weiten Topf erhitzen und die Zwiebel darin weich dünsten.

Den Knoblauch schälen und durch die Presse dazudrücken. Den Backofen auf 200° vorheizen.

3
Den Spinat verlesen und die Stiele abknipsen. Die Blätter gründlich waschen. Tropfnaß zu den Zwiebeln in den Topf geben, bei mittlerer Hitze zusammenfallen lassen und etwa 3 Minuten mitdünsten. Den Spinat in ein feinmaschiges Sieb geben und gut ausdrücken.

4
Die Tomaten mit kochendem Wasser überbrühen, häuten, entkernen und grob hacken, dabei von den Stielansätzen befreien. Mit dem Magerquark unter den Spinat mischen. Mit Salz, Pfeffer, Paprikapulver, Thymian und Oregano kräftig würzen.

5
Den Reis unter die Gemüse-Quark-Masse mischen. Eine feuerfeste Form ausfetten (Seite 8), alles einfüllen, glattstreichen und den Auflauf im Backofen (Mitte) etwa 30 Minuten backen.

Zubereitungszeit: etwa 1 1/4 Stunden

Käseauflauf mit Apfelwein

Im Bild unten

Die Anregung für dieses Rezept stammt aus der französischen Schweiz.

Kurzrezept

- Form mit Knoblauch ausstreichen
- Gebutterte Toastbrotscheiben mit Käse belegen, in die Form geben
- Apfelwein, Milch und Gewürze verrühren, über das Brot gießen

Preiswert

Zutaten für 4 Personen:
8 Scheiben Toast- oder Weißbrot vom Vortag
50 g Butter
250 g Brennesselkäse in Scheiben
2 Knoblauchzehen
1/4 l Apfelwein (Cidre)
3/8 l Milch
Salz
schwarzer Pfeffer, frisch gemahlen
Muskatnuß, frisch gerieben
Paprikapulver, edelsüß
4 Eier
Pro Portion etwa:
2500 kJ/600 kcal

1
Den Backofen auf 180° vorheizen. Die Brotscheiben dünn mit Butter bestreichen und mit den Käsescheiben belegen.

2
Die Knoblauchzehen schälen, längs halbieren und eine Auflaufform damit ausreiben. Die Käsebrote hineinschichten.

3
Den Apfelwein mit der Milch mischen, mit Salz, Pfeffer, Muskat und Paprika kräftig würzen. Zwei Eier trennen. Die ganzen Eier, die Eigelbe und die Milchmischung mit den Schneebesen des Handrührgerätes kräftig verquirlen. Die Eiweiße steif schlagen, unterheben und die Mischung über die Käsebrote gießen (Seite 46).

4
Den Auflauf im Backofen (Mitte) etwa 50–60 Minuten backen.

Zubereitungszeit: etwa 1 1/4 Stunden

TIP
Sofort servieren, denn wenn der Auflauf länger steht, fällt die lockere Eierhaube zusammen.

Soufflés

Gelb und weiß – perfekt getrennt
Am Anfang ist das Ei: Am Rande einer Tasse wird es vorsichtig aufgeschlagen, die Schale in zwei Hälften geteilt und durch sorgfältiges Jonglieren Eiweiß von Eigelb getrennt.

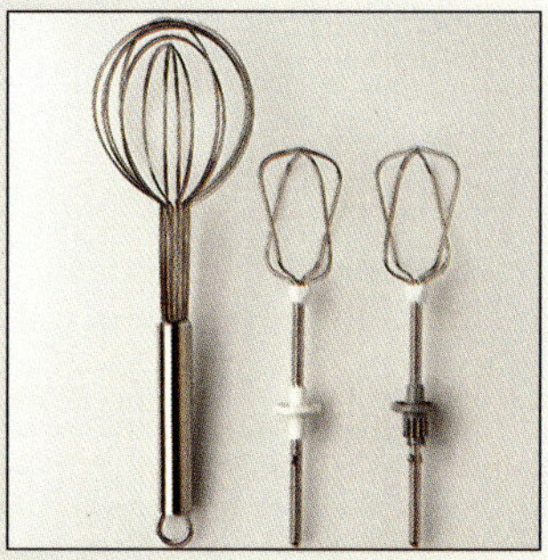

Schaumschlagen wie ein Profi
Der drahtig-bauchige Ballonbesen ist der ideale Helfer, wenn Sie die Luftbläschen mit Hand ins Eiweiß schlagen wollen. Am bequemsten aber geht's mit den Quirlen vom Handrührgerät.

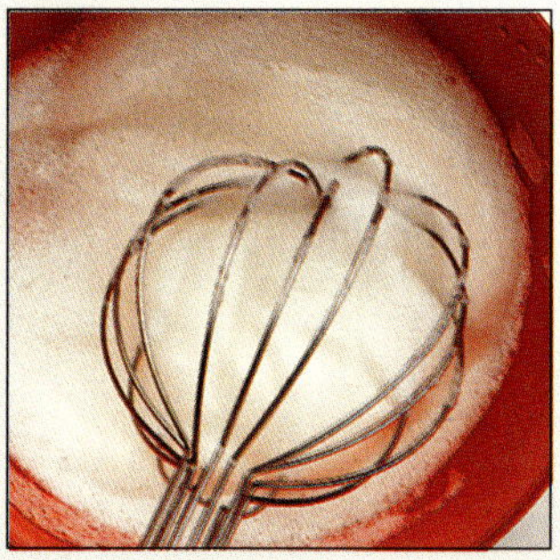

Vom klaren Eiweiß zum festen Schnee
In einer sauberen, fettfreien Schüssel wird das Eiweiß luftig aufgeschlagen – mit einer Prise Salz, aber ohne jede Spur von Dotter. Der Zucker bei süßen Soufflés soll erst zum Schluß in den bereits festen Schnee rieseln.

Richtig gemischt
Bloß nicht betont korrekt, sondern eher locker-nachlässig soll der cremig-feste Eischnee unter die Grundmasse gehoben werden. Zuerst etwa ein Drittel vom Schnee glatt einrühren, den Rest schwungvoll und flockig unterziehen.

Vom Umgang mit der Form
Wichtig sind Formen und Förmchen mit geraden und glatten Wänden, an denen die Soufflémasse zielstrebig hochsteigen kann. In Metallformen ist die Garzeit etwas kürzer als in Porzellan.

Mit Fett großzügig umgehen
Souffléformen immer sorgfältig mit Butter ausstreichen – bis oben hin, sonst bleibt das luftige Gebilde am Rand hängen, sackt ein oder platzt auf. Nach dem Fetten die Förmchen leicht mit Mehl oder Zucker ausstreuen.

Beim Füllen Platz einplanen
Die Soufflémasse nur soweit einfüllen, daß die Form höchstens zu drei Vierteln gefüllt ist. Beim Backen braucht das Soufflé reichlich Platz zum Ausdehnen.

Geduld beim Backen
Den Backofen gut vorheizen, eine Fettpfanne oder Schale fingerbreit mit Wasser füllen und auf der untersten Schiene einschieben. Die Souffléformen ins Wasserbad stellen und bis zum Ende der Garzeit die Backofentür fest verschlossen lassen.

Fischsoufflé

Die Fischsorte können Sie nach Belieben auswählen. Besonders fein schmeckt Lachs oder Seezunge.

Kurzrezept

- Zwiebel und Fischfilets in Weißwein dünsten
- Würzige Sauce aus Butter, Mehl, Sahne und Fischflüssigkeit kochen
- Eigelbe und Fischwürfel untermischen, Eischnee unterheben

Festlich

Zutaten für 4 Personen:
10 g Butterschmalz
1 kleine Zwiebel
600 g Kabeljaufilet
100 ml trockener Weißwein
Salz
weißer Pfeffer, frisch gemahlen
2 Bund Dill
10 g Butter
2 EL Mehl
200 g Sahne
1 EL Zitronensaft
4 Eier
1 Msp. Backpulver
Fett für die Form
1 EL Paniermehl

Pro Portion etwa:
1400 kJ/330 kcal

1

Das Butterschmalz in einer Pfanne erhitzen. Die Zwiebel schälen, fein hacken und darin bei schwacher Hitze andünsten. Die Fischfilets in die Pfanne geben, den Weißwein angießen und alles zugedeckt etwa 4 Minuten garen, dabei den Fisch einmal wenden. Den Fisch herausnehmen und die Flüssigkeit bei starker Hitze auf etwa vier Eßlöffel einkochen lassen.

2

Den Fisch klein würfeln, mit Salz und Pfeffer würzen. Den Dill abbrausen, abzupfen, fein hacken und unter die Fischwürfel mischen. Den Backofen auf 180° vorheizen.

3

Die Butter in einem kleinen Topf schmelzen, das Mehl dazugeben und kurz anschwitzen. Die Sahne und die Fischflüssigkeit angießen und unter ständigem Rühren mit dem Schneebesen aufkochen. Mit Salz, Pfeffer und Zitronensaft würzen und die Sauce etwa 2 Minuten leise köcheln lassen. Den Topf vom Herd nehmen und die Sauce abkühlen lassen.

4

Die Eier trennen (Seite 46). Die Eigelbe unter die Sauce rühren, den Fisch hinzufügen. Die Eiweiße mit dem Backpulver steif schlagen und sorgfältig unterheben (Seite 46).

5

Eine Form (1 1/2 l Inhalt) ausfetten. Den Boden der Form mit Paniermehl bestreuen und die Masse einfüllen (Seite 46). Im vorgeheizten Backofen (unten) 40–50 Minuten garen. Sofort servieren.

Zubereitungszeit:
etwa 1 1/2 Stunden

TIP
Statt Weißwein können Sie auch Fischfond aus dem Glas verwenden.

Schafkäsesoufflé mit Minze

Im Bild oben

Die Minze gibt dem Soufflé eine südländische Note.

Kurzrezept
- Schafkäse, Knoblauch, Quark und Gewürze verrühren
- Eigelbe und gehackte Minze dazugeben
- Eischnee unterheben

Raffiniert

Zutaten für 4 Personen:
300 g Schafkäse
3 Knoblauchzehen
250 g Sahnequark
Salz
weißer Pfeffer, frisch gemahlen
Muskatnuß, frisch gerieben
1 Bund Minze
4 Eier
1 Prise Backpulver
Fett für die Form
Pro Portion etwa:
1600 kJ/380 kcal

1
Den Schafkäse in eine Schüssel bröckeln. Den Knoblauch schälen und durch die Presse dazudrücken. Den Quark unterrühren und alles mit Salz, Pfeffer und Muskat würzen. Den Backofen auf 200° vorheizen.

2
Die Minze abbrausen, trockenschütteln, die Blättchen abzupfen und in Streifen schneiden. Die Eier trennen (Seite 46). Die Eigelbe mit der Minze unter die Käsemasse mischen.

3
Die Eiweiße mit dem Backpulver zu steifem Schnee schlagen und gründlich unterheben (Seite 46).

4
Eine Form (1 1/2 l Inhalt) ausfetten und die Masse hineingeben (Seite 46). Im Backofen (unten) etwa 30 Minuten backen und sofort servieren.

Zubereitungszeit: etwa 1 Stunde

TIP
Kaufen Sie ganz frischen Schafkäse an der Käsetheke.

Spinatsoufflé mit Thunfisch

Im Bild unten

Kurzrezept

- Spinat und Thunfisch pürieren
- Béchamelsauce kochen, würzen
- Eigelbe unter das Spinat-Thunfisch-Püree rühren
- Eischnee unterheben

Für Gäste

Zutaten für 4 Personen:
500 g Blattspinat
1 Dose Thunfisch im eigenen Saft (200 g)
10 g Butter
1 EL Mehl
1/4 l Milch
Salz
weißer Pfeffer, frisch gemahlen
Muskatnuß, frisch gerieben
3 Eier
1 Msp. Backpulver
Fett für die Form

Pro Portion etwa:
1200 kJ/290 kcal

1

Den Spinat verlesen, dabei die Stiele abknipsen. Gründlich waschen, tropfnaß in einen Topf geben und bei mittlerer Hitze zusammenfallen lassen. Den Spinat gut abtropfen lassen. Den Thunfisch ebenfalls abtropfen lassen. Beides in den Mixer geben und pürieren. Den Backofen auf 180° vorheizen.

2

Die Butter in einem kleinen Topf schmelzen, das Mehl dazugeben und goldgelb anschwitzen. Die Milch langsam angießen und unter ständigem Rühren mit dem Schneebesen aufkochen. Die Sauce bei schwacher Hitze dicklich einkochen lassen.

3

Die Sauce mit Salz, Pfeffer und Muskat kräftig würzen, dann vom Herd nehmen und etwas abkühlen lassen.

4

Die Eier trennen (Seite 46). Die Eigelbe mit dem Spinat-Thunfisch-Püree unter die Sauce rühren. Die Eiweiße mit dem Backpulver zu steifem Schnee schlagen und sorgfältig unterheben (Seite 46). Die Masse nochmals abschmecken und, falls nötig, nachwürzen. Eine Form (1 1/2 l Inhalt) ausfetten, die Masse hineinfüllen und glattstreichen (Seite 46). Das Soufflé im Backofen (unten) 45–50 Minuten garen, dann sofort servieren.

Zubereitungszeit:
etwa 1 1/4 Stunden

Hühnerbrustsoufflé mit Kräutern

Servieren Sie das Soufflé als leichtes Hauptgericht mit Gurkensalat oder in Portionsförmchen als Vorspeise.

Kurzrezept

- Hühnerbruststreifen anbraten
- Schalotten andünsten, mit Mehl bestäuben, mit Wein und Crème fraîche aufkochen
- Hühnerbrust pürieren
- Mit Eigelben, Sauce, Kräutern verrühren, würzen
- Eischnee unterheben

Preiswert

Zutaten für 4 Personen:

4 Hühnerbrüstchen (etwa 450 g)
1 EL Öl
Salz
schwarzer Pfeffer, frisch gemahlen
1 Bund glatte Petersilie
1/2 Bund frischer Thymian (oder 2 TL getrockneter)
2 Schalotten
30 g Butter
3 EL Mehl
1/4 l trockener Weißwein
150 g Crème fraîche
3 Eier
1 Prise Cayennepfeffer
1 Msp. Backpulver
Fett für die Form

Pro Portion etwa: 2000 kJ/480 kcal

1

Die Hühnerbrüstchen, falls nötig, häuten und in etwa 1 cm breite Streifen schneiden. Das Öl in einer Pfanne erhitzen und die Hühnerbruststreifen darin portionsweise von allen Seiten etwa 5 Minuten braten. Mit Salz und Pfeffer würzen und abkühlen lassen.

2

Die Petersilie waschen, trockenschütteln, die Blättchen abzupfen und fein hacken. Den frischen Thymian waschen, trockenschütteln und die Blättchen von den Stielen zupfen.

3

Die Schalotten schälen und fein hacken. Die Butter in einer Pfanne erhitzen und die Schalotten darin weich dünsten. Das Mehl darüber stäuben und anschwitzen. Mit dem Weißwein ablöschen und aufkochen lassen, dabei kräftig rühren, damit nichts anlegt. Die Creme fraîche einrühren. Die Sauce von der Kochstelle nehmen, etwas abkühlen lassen.

4

Den Backofen auf 180° vorheizen. Die Hühnerbrüstchen mit dem Blitzhacker fein zerkleinern.

5

Die Eier trennen (Seite 46) und die Eigelbe mit dem pürierten Fleisch, der Sauce, Petersilie und Thymian mischen. Mit Salz, Pfeffer und Cayennepfeffer kräftig würzen.

6

Die Eiweiße mit dem Backpulver zu steifem Schnee schlagen und gleichmäßig unter die Masse heben (Seite 46).

7

Eine Souffléform (1 1/2 l Inhalt) ausfetten, die Masse hineinfüllen (Seite 46). Das Soufflé im Backofen (unten) etwa 45 Minuten backen.

Zubereitungszeit: etwa 1 1/2 Stunden

Käsesoufflé mit Zuckerschoten

Im Bild unten

Kurzrezept

- Mehl, Milch, Gewürze und geschmolzene Butter erwärmen
- Eigelbe, Backpulver und Käse unterrühren
- Eischnee und Zuckerschoten unterheben

Festlich

Zutaten für 4 Personen:
300 g Zuckerschoten
Salz · 80 g Butter
5 Eier · 80 g Mehl
1/4 l Milch
Muskatnuß, frisch gerieben
weißer Pfeffer, frisch gemahlen
1 gestrichener TL Backpulver
200 g geriebener Käse (Emmentaler, Greyerzer oder mittelalter Gouda)
Fett für die Form
Pro Portion etwa:
2500 kJ/600 kcal

1

Die Zuckerschoten waschen und die Enden abknipsen. Salzwasser aufkochen und die Zuckerschoten darin etwa 1 Minute blanchieren. In ein Sieb abgießen, eiskalt abschrecken, gut abtropfen lassen und in Streifen schneiden. Die Butter schmelzen und wieder abkühlen lassen. Den Backofen auf 180° vorheizen.

2

Die Eier trennen (Seite 46). Das Mehl, die Milch, Salz, Muskat und Pfeffer in einen Topf geben, mit dem Schneebesen glattrühren. Die Butter dazugeben, alles bei schwacher Hitze unter Rühren erwärmen, bis ein fester Kloß entstanden ist.

3

Den Topf vom Herd nehmen und die Eigelbe unter die Masse rühren. Das Backpulver mit dem Käse mischen und ebenfalls gründlich untermengen.

4

Die Eiweiße steif schlagen (Seite 46). 3 Eßlöffel davon unter die Käsemasse mischen. Den Rest mit den Zuckerschoten unterheben. Salzen und pfeffern.

5

Eine feuerfeste Form (1 1/2 l Inhalt) ausfetten, die Käsemasse einfüllen und glattstreichen (Seite 46). Das Soufflé im Backofen (unten) etwa 1 Stunde backen. Sollte die Oberfläche zu dunkel werden, können Sie sie mit einem Stück Alufolie abdecken.

Zubereitungszeit: etwa 1 Stunde 40 Minuten

Kartoffelsoufflé

Im Bild oben

Dieses Soufflé geht blitzschnell und gelingt garantiert. Etwas für eilige Feinschmecker.

Kurzrezept

- Kartoffelpüree mit Frischkäse, Schnittlauchröllchen und Eigelben mischen
- Eischnee unterheben

Gelingt leicht

Zutaten für 4 Personen:
4 Portionen Kartoffelpüree (Fertigprodukt)
Salz
weißer Pfeffer, frisch gemahlen
Muskatnuß, frisch gerieben
2 Bund Schnittlauch
200 g Knoblauchfrischkäse
3 Eier
1 Msp. Backpulver
Fett für die Form

Pro Portion etwa:
1100 kJ/260 kcal

1
Das Kartoffelpüree nach Packungsanleitung mit Milch oder Wasser zubereiten. Mit Salz, Pfeffer und Muskat würzen, etwas abkühlen lassen. Den Backofen auf 200° vorheizen.

2
Den Schnittlauch waschen, trockenschütteln und in feine Röllchen schneiden. Mit dem Knoblauchfrischkäse unter das Kartoffelpüree rühren.

3
Die Eier trennen (Seite 46). Die Eigelbe mit dem Kartoffel-Käse-Püree mischen. Die Eiweiße mit dem Backpulver zu steifem Schnee schlagen und vorsichtig unterheben (Seite 46).

4
Eine Form (1 1/2 l Inhalt) ausfetten und die Masse hineinfüllen (Seite 46). Das Soufflé im Backofen (unten) etwa 30 Minuten backen.

Dazu paßt Tomatensalat.

Zubereitungszeit:
etwa 1 Stunde

TIP
Würziger wird das Soufflé, wenn Sie kleingewürfelten Speck dazugeben.

Lauchsoufflé mit Schweinemett

Kurzrezept

- Lauchringe in Sahne dünsten, abgießen, Flüssigkeit auffangen
- Schweinemett krümelig braten, mit dem Lauch mischen
- Butter und Mehl anschwitzen, Lauchflüssigkeit und Sahne angießen
- Eigelbe unterrühren, Eischnee unterheben

Preiswert

Zutaten für 4 Personen:

500 g Lauch
300 g Sahne
Salz
250 g Schweinemett
20 g Butter
30 g Mehl
weißer Pfeffer, frisch gemahlen
1 Msp. Cayennepfeffer
4 Eier
1 Msp. Backpulver
Fett für die Form

Pro Portion etwa:
2200 kJ/520 kcal

1

Den Lauch putzen, längs aufschlitzen, gründlich abbrausen und in feine Ringe schneiden. Mit 100 g Sahne und etwas Salz in eine Pfanne geben und bei schwacher Hitze etwa 10 Minuten leise köcheln lassen, bis der Lauch bißfest ist. Den Lauch in einem Sieb gut abtropfen lassen, die Flüssigkeit dabei auffangen.

2

Das Schweinemett in einer beschichteten Pfanne ohne Fett bei mittlerer Hitze krümelig braten und unter den Lauch mischen. Den Backofen auf 180° vorheizen.

3

Die Butter in einem Topf schmelzen lassen, das Mehl dazugeben und leicht anschwitzen. Die aufgefangene Lauchflüssigkeit und die restliche Sahne angießen, unter Rühren mit dem Schneebesen aufkochen und etwa 3 Minuten bei schwacher Hitze köcheln lassen. Die Sauce mit Salz, Pfeffer und dem Cayennepfeffer würzen und vom Herd nehmen.

4

Die Eier trennen (Seite 46). Die Eigelbe mit dem Lauch unter die Sauce rühren. Die Eiweiße mit dem Backpulver zu steifem Schnee schlagen und sorgfältig unterheben (Seite 46).

5

Eine Souffléform (1 1/2 l Inhalt) oder kleine Portionsförmchen ausfetten und die Masse einfüllen (Seite 46). Im Backofen (unten) 40–45 Minuten backen. Sofort servieren.

Zubereitungszeit: etwa 1 3/4 Stunden

TIP

Je nach Geschmack können Sie das Soufflé noch mit Knoblauch, Muskat, Estragon oder Thymian würzen.

Möhrensoufflé mit Sesam

Im Bild unten

Kurzrezept
- Möhren dünsten und pürieren
- Kräuterfrischkäse, Zitronensaft, Kerbel, Gewürze, gerösteten Sesam und Eigelbe unterrühren
- Eischnee unterheben

Vegetarisch

Zutaten für 4 Personen:
500 g Möhren
20 g Butter
1/4 l Gemüsebrühe
1/2 Bund Kerbel
200 g Kräuterfrischkäse
1 EL Zitronensaft
2 EL Sesam, geschält
Salz
schwarzer Pfeffer, frisch gemahlen
Muskatnuß, frisch gerieben
4 Eier
Fett für die Form

Pro Portion etwa:
1200 kJ/290 kcal

1
Die Möhren waschen, schälen und in feine Scheiben hobeln. Die Butter in einem Topf zerlassen und die Möhren darin bei schwacher Hitze andünsten. Die Gemüsebrühe angießen und die Möhren im geschlossenen Topf in etwa 20 Minuten weich dünsten. In ein Sieb abgießen, abtropfen lassen und im Mixer oder mit dem Pürierstab pürieren.

2
Den Kerbel abbrausen, trockenschütteln, die Blättchen abzupfen und fein hacken. Unter das Möhrenpüree mischen. Den Backofen auf 180° vorheizen.

3
Den Kräuterfrischkäse mit dem Zitronensaft glattrühren. Den Sesam in einer beschichteten Pfanne ohne Fett goldbraun rösten und mit dem Käse unter das Möhrenpüree rühren. Die Masse mit Salz, Pfeffer und Muskat kräftig würzen.

4
Die Eier trennen (Seite 46). Die Eigelbe unter die Gemüsemischung rühren. Die Eiweiße steif schlagen und unterheben (Seite 46).

5
Eine feuerfeste Form (1 1/2 l Inhalt) ausfetten, die Masse einfüllen (Seite 46). Das Soufflé im Backofen (unten) 30–35 Minuten backen, dann sofort servieren.

Zubereitungszeit:
etwa 1 1/2 Stunden

Spargelsoufflé

Im Bild oben

Für dieses Gericht sollten Sie nur frischen Spargel verwenden.

Kurzrezept

- Béchamelsauce kochen
- Gekochten Spargel pürieren
- Eigelbe mit Spargelpüree, Schinkenwürfeln und Käsecreme mischen
- Eischnee unterheben

Frühlingsgericht

Zutaten für 4 Personen:
Salz
500 g grüner Spargel
30 g Butter
2 gehäufte EL Mehl
knapp 1/4 l Milch
50 g Emmentaler, frisch gerieben
200 g gekochter Schinken in Scheiben
4 Eier
weißer Pfeffer, frisch gemahlen
Muskatnuß, frisch gerieben
Fett für die Form

Pro Portion etwa:
1500 kJ/360 kcal

1
Salzwasser aufkochen. Den Spargel putzen und im unteren Drittel schälen, in dem kochenden Salzwasser etwa 15 Minuten garen. In ein Sieb geben und gut abtropfen lassen.

2
Für die Béchamelsauce die Butter in einem Topf schmelzen. Das Mehl unterrühren und goldgelb anschwitzen. Die Milch langsam mit dem Schneebesen unterrühren, bis eine glatte Masse entstanden ist. Bei schwacher Hitze etwa 15 Minuten köcheln lassen und dabei immer wieder umrühren. Dann den Käse untermischen und den Topf vom Herd nehmen. Den Backofen auf 200° vorheizen.

3
Den Schinken vom Fettrand befreien und klein würfeln. Den abgetropften Spargel pürieren. Die Eier trennen (Seite 46). Die Eigelbe mit dem Spargelpüree und den Schinkenwürfeln unter die Sauce rühren. Mit Salz, Pfeffer und Muskat kräftig würzen. Die Eiweiße steif schlagen und unterheben (Seite 46).

4
Eine Form (1 1/2 l Inhalt) ausfetten, die Masse einfüllen und glattstreichen (Seite 46). Das Soufflé im Backofen (unten) 20–25 Minuten backen.

Zubereitungszeit:
etwa 1 1/2 Stunden

Champignonsoufflé mit zweierlei Käse

Im Bild unten

Kurzrezept

- Zwiebel, Champignons, Zitronensaft und Sahne köcheln lassen
- Abgießen, die Flüssigkeit andicken
- Käse, Pilze und Eigelbe dazugeben
- Eischnee unterheben

Für Gäste

Zutaten für 4 Personen:
400 g Champignons
1 Zwiebel
30 g Butter
1 EL Zitronensaft
200 g Sahne
3 EL Weißwein
2 EL Mehl · Salz
Muskatnuß, frisch gerieben
80 g Emmentaler, frisch gerieben
1 Kugel Mozzarella (150 g)
4 Eier
Fett für die Form

Pro Portion etwa:
2100 kJ/500 kcal

1

Die Champignons putzen. Die Zwiebel schälen und fein hacken. 10 g Butter zerlassen. Die Zwiebel darin bei schwacher Hitze andünsten. Die Champignons dazuraspeln und mit dem Zitronensaft beträufeln. Die Sahne angießen und alles bei schwacher Hitze etwa 5 Minuten köcheln lassen.

2

Den Topf vom Herd nehmen, die Pilze abgießen, die Flüssigkeit auffangen und mit dem Weißwein verrühren. Den Backofen auf 180° vorheizen.

3

Die restliche Butter schmelzen, das Mehl einrühren und anschwitzen. Die Weißwein-Sahne-Flüssigkeit angießen und alles unter ständigem Rühren mit dem Schneebesen aufkochen. Bei schwacher Hitze etwa 5 Minuten köcheln lassen, mit Salz und Muskat würzen. Die Sahnesauce vom Herd nehmen, den Emmentaler unterrühren.

4

Den Mozzarella klein würfeln und zu der Champignonmasse geben. Die Eier trennen und die Eigelbe untermischen.

5

Die Eiweiße steif schlagen und sorgfältig unter die Champignonmasse heben. Eine Souffléform (1 1/2 l Inhalt) ausfetten, die Masse einfüllen (Seite 46). Das Soufflé im Backofen (unten) etwa 40 Minuten backen.

Zubereitungszeit: etwa 1 3/4 Stunden

Putenlebersoufflé mit Sellerie

Im Bild oben

Kurzrezept

- Zwiebel, Leber und Salbei anbraten
- Sellerie, Pilze dazugeben, mit Sherry ablöschen
- Alles im Mixer pürieren, Sahne und Eigelbe unterrühren
- Eischnee unterheben

Raffiniert

Zutaten für 4 Personen:
1 Zwiebel
20 g Butter
3 frische Salbeiblätter
250 g Putenleber
1 Stück Knollensellerie (etwa 100 g)
1 EL Zitronensaft
200 g Champignons
Salz
schwarzer Pfeffer, frisch gemahlen
2 cl trockener Sherry
125 g Sahne
2 Eier
1 Msp. Backpulver
Fett für die Form

Pro Portion etwa:
1200 kJ/290 kcal

1
Die Zwiebel schälen und sehr fein hacken. Die Butter erhitzen und die Zwiebel darin weich dünsten. Den Salbei kurz abbrausen, trockenschütteln und fein hacken.

2
Die Putenleber in die natürlichen Segmente teilen und von Häutchen und Fett befreien. Mit dem Salbei etwa 5 Minuten bei mittlerer Hitze braten.

3
Den Sellerie schälen, fein raspeln und mit Zitronensaft beträufeln. Die Pilze putzen, in Scheiben schneiden und mit dem Sellerie zur Putenleber geben. Alles 5 Minuten dünsten, mit Salz und Pfeffer würzen und mit dem Sherry ablöschen. Im Mixer pürieren.

4
Den Backofen auf 180° vorheizen. Das Püree mit der Sahne verrühren. Etwas abkühlen lassen. Die Eier trennen. Die Eiweiße mit einer Prise Salz und dem Backpulver steif schlagen (Seite 46).

5
Die Eigelbe unter das Püree rühren und den Eischnee unterheben. Eine Souffléform (1 1/2 l Inhalt) ausfetten und die Masse einfüllen. Im Backofen (unten) 30–35 Minuten backen.

Zubereitungszeit:
etwa 1 3/4 Stunden

Austernpilzsoufflé mit Schinken

Austernpilze wachsen in der Natur vor allem auf morschen Baumstümpfen. Die Pilze, die im Handel angeboten werden, stammen jedoch meist aus Zuchtanlagen.

Kurzrezept

- Schinkenwürfel und gehackte Austernpilze braten
- Mit Mehl bestäuben, Fleischbrühe angießen, würzen
- Gehackte Petersilie und Eigelbe unterrühren
- Eischnee sorgfältig unterheben

Raffiniert

Zutaten für 4 Personen:
- 200 g gekochter Schinken
- 1 EL Öl
- 350 g Austernpilze
- 3 EL Mehl
- 200 ml Fleischbrühe
- Salz
- schwarzer Pfeffer, frisch gemahlen
- Muskatnuß, frisch gerieben
- 1 Msp. Cayennepfeffer
- 1 Bund glatte Petersilie
- 4 Eier
- Fett für die Form

Pro Portion etwa:
1100 kJ/260 kcal

1
Den Schinken von der Schwarte befreien und in kleine Würfel schneiden. Das Öl in einer Pfanne erhitzen und die Schinkenwürfel darin bei schwacher Hitze etwa 2 Minuten braten. Von der Kochstelle nehmen.

2
Die Austernpilze putzen, abbrausen oder abreiben, fein hacken und zum Schinken geben. Unter Rühren kurz andünsten.

3
Das Mehl darüber stäuben und goldgelb anschwitzen. Die Fleischbrühe unter Rühren angießen. Die Sauce aufkochen und etwa 5 Minuten köcheln lassen, bis sie dicklich wird. Mit Salz, Pfeffer, Muskat und Cayennepfeffer würzen. Vom Herd nehmen und etwas abkühlen lassen.

4
Den Backofen auf 180° vorheizen. Die Petersilie abbrausen, trockenschütteln, die Blättchen abzupfen und fein hacken.

5
Die Eier trennen. Die Eiweiße mit 1 Prise Salz zu sehr steifem Schnee schlagen (Seite 46).

6
Die Eigelbe mit der Petersilie unter die Pilzmasse rühren. Den Eischnee gründlich unterheben (Seite 46).

7
Eine feuerfeste Form (1 1/2 l Inhalt) ausfetten und die Masse hineinfüllen (Seite 46). Das Soufflé im Backofen (unten) 25–30 Minuten backen, bis die Oberfläche goldgelb ist.

Als Beilage paßt gemischter Blattsalat.

Zubereitungszeit: etwa 1 1/4 Stunden

TIP
Sie können den Schinken durch geräucherten Speck oder durch Krabben ersetzen.

Gratins

Für diesen knusprigen Genuß benötigen Sie nur wenige Zutaten, die Sie in einer Schicht in eine gefettete Gratinform legen. In der Kruste liegt hier die Würze: Ganz nach Geschmack können Sie Ihr Gratin mit verschiedenen Käsesorten oder mit einer Knusperkruste aus Nüssen oder Semmelbröseln goldbraun überbacken.

Feinarbeit
Die Zutaten möglichst fein schneiden, damit sie anschließend schnell und gleichmäßig garen.

Das Auge ißt mit
Die Zutaten gleichmäßig in die Form schichten. In Scheiben geschnittene Zutaten werden dachziegelartig übereinander gelegt, gestiftelte, geraspelte oder gewürfelte Zutaten streifenförmig arrangiert.

Flüssigkeit ist wichtig
Damit die Zutaten garen können und saftig bleiben, brauchen sie Flüssigkeit. Dafür eignen sich zum Beispiel Sahne oder Milch.

Kruste mit Biß
Manche Gratins erhalten eine knusprige Decke aus gemahlenen Nüssen, geriebenem Brot oder Semmelbröseln, die mit Käse und Gewürzen gemischt und über dem Gericht verteilt werden.

Alles in Butter
Damit diese Kruste nicht zu trocken wird, sollten Sie gleichmäßig Butterflöckchen darüber verteilen.

Unter einer Decke oder zum Schluß etwas Käse
Sie können ein Gratin natürlich auch nur mit Käse überbacken, den Sie, je nach Konsistenz, in Scheiben schneiden, würfeln oder reiben. Butterflöckchen sind in diesem Fall nicht nötig.

Huhn mit Sonnenblumenkruste

Im Bild oben

Kurzrezept

- Frühlingszwiebeln blanchieren, eine Form damit auslegen
- Gebratene Hühnerbrustfilets darauf anrichten
- Gemahlene Sonnenblumenkerne, Knoblauch, Eigelb und Eischnee mischen
- Die Masse auf die Hühnerbrustfilets streichen, überbacken

Raffiniert

Zutaten für 4 Personen:
2 Bund Frühlingszwiebeln
Salz
4 Hühnerbrustfilets (je etwa 160 g)
schwarzer Pfeffer, frisch gemahlen
10 g Butter
1 EL Öl
100 g Sonnenblumenkerne, geschält
1–2 Knoblauchzehen
2 Eier
1 Msp. Cayennepfeffer
Fett für die Form

Pro Portion etwa:
1700 kJ/400 kcal

1
Die Frühlingszwiebeln putzen, waschen und schräg in etwa 3 cm lange Stücke schneiden. Salzwasser aufkochen, die Zwiebeln darin etwa 2 Minuten blanchieren, eiskalt abschrecken und gut abtropfen lassen (Seite 8). Den Backofen auf 220° vorheizen.

2
Die Hühnerbrustfilets auf beiden Seiten mit Salz und Pfeffer würzen. Die Butter und das Öl in einer Pfanne erhitzen und die Hühnerbrustfilets darin auf jeder Seite etwa 4 Minuten braten.

3
Eine feuerfeste Form ausfetten (Seite 8), den Boden mit den Frühlingszwiebeln belegen und diese mit Salz und Pfeffer würzen. Die Hühnerbrustfilets darauf verteilen.

4
Die Sonnenblumenkerne bis auf 2 Eßlöffel fein mahlen und in eine Schüssel füllen (Seite 64). Den Knoblauch schälen und dazupressen. Die Eier trennen (Seite 46), die Eigelbe untermischen. Die Eiweiße steif schlagen und unterheben (Seite 46). Mit Salz, Pfeffer und Cayennepfeffer würzen. Die Filets damit bestreichen und im Backofen (Mitte) 10–15 Minuten überbacken.

Zubereitungszeit:
etwa 40 Minuten

Gemüsegratin mit Entenbrust

Im Bild unten

Sie können statt Entenbrust Putenbrust oder geräucherten Schinken nehmen.

Kurzrezept

- Möhren- und Kohlrabischeiben kurz blanchieren
- Mascarpone, Zitronensaft, Milch und Basilikum verrühren
- Gemüse und Entenbrust dachziegelartig einschichten
- Mit der Mascarponecreme bestreichen

Schnell

Zutaten für 4 Personen:
500 g Möhren
500 g Kohlrabi
Salz
250 g Mascarpone
2 EL Zitronensaft
2 EL Milch
weißer Pfeffer, frisch gemahlen
Muskatnuß, frisch gerieben
2 Bund Basilikum
300 g geräucherte Entenbrust in Scheiben
Fett für die Form

Pro Portion etwa:
1400 kJ/330 kcal

1

Die Möhren waschen, schälen und in Scheiben schneiden. Den Kohlrabi waschen, schälen, achteln und ebenfalls in dünne Scheiben schneiden. Reichlich Salzwasser zum Kochen bringen. Das Gemüse darin nacheinander jeweils etwa 5 Minuten blanchieren (Seite 8), in ein Sieb geben, eiskalt abschrecken und sehr gut abtropfen lassen. Den Backofen auf 220° vorheizen.

2

Den Mascarpone in eine Schüssel geben und mit dem Zitronensaft und der Milch cremig rühren. Mit Salz, Pfeffer und Muskat kräftig würzen. Das Basilikum waschen, trockenschütteln, die Blättchen abzupfen, fein hacken und unterheben.

3

Eine feuerfeste Form ausfetten (Seite 8) und das Gemüse mit der Entenbrust dachziegelartig einschichten (Seite 64). Die Mascarponecreme darauf streichen. Das Gratin im Backofen (Mitte) etwa 15 Minuten überbacken.

Dazu paßt lockeres Kartoffelpüree, das Sie mit frischen Kräutern und Knoblauch kräftig würzen.

Zubereitungszeit: etwa 45 Minuten

Kalbfleisch-Reis-Gratin mit Rucola

Rucola, zu deutsch »Rauke«, ist ein heute wieder sehr beliebtes Kraut mit angenehm nussigem Geschmack. Es schmeckt gedünstet und als Salat.

Kurzrezept

- Kalbsschnitzelstreifen, Zwiebelringe, gehackte Tomaten und Rucola mischen
- Gekochten Reis und Emmentaler dazugeben, würzen
- Masse in die Form füllen, mit Emmentaler bestreuen, mit Butterflöckchen besetzen

Für Gäste

Zutaten für 4 Personen:
Salz
250 g Langkornreis
2 Zwiebeln
4 EL Öl
400 g Kalbsschnitzel
schwarzer Pfeffer, frisch gemahlen
2 große Fleischtomaten (etwa 400 g)
2 Bund Rucola
100 g Emmentaler, frisch gerieben
Fett für die Form
Butterflöckchen zum Besetzen

Pro Portion etwa:
2200 kJ/520 kcal

1
Salzwasser zum Kochen bringen und den Reis darin bei schwacher Hitze etwa 20 Minuten quellen lassen.

2
Inzwischen die Zwiebeln schälen und in feine Ringe schneiden. In einer Pfanne die Hälfte des Öls erhitzen und die Zwiebelringe darin etwa 5 Minuten dünsten. Herausnehmen und in eine Schüssel geben.

3
Die Kalbsschnitzel in schmale Streifen schneiden und im restlichen Öl rundum etwa 4 Minuten kräftig anbraten, mit Salz und Pfeffer würzen. Den Backofen auf 200° vorheizen.

4
Die Tomaten mit kochendem Wasser überbrühen, häuten, entkernen, grob hacken und dabei von den Stielansätzen befreien. Mit dem Fleisch zu den Zwiebeln geben. Den Rucola waschen und trockenschütteln. Die Stiele abknipsen, die Blätter in schmale Streifen schneiden und unter die Fleischstreifen mischen.

5
Den Reis gut abtropfen lassen, mit den anderen Zutaten und der Hälfte des Emmentalers vermischen, mit Salz und Pfeffer würzen.

6
Eine feuerfeste Form ausfetten (Seite 8), die Masse einfüllen, glattstreichen, mit dem restlichen Emmentaler bestreuen und mit Butterflöckchen besetzen (Seite 64). Im Backofen (Mitte) etwa 30 Minuten überbacken.

Dazu paßt knackiger Blattsalat mit Joghurtsauce.

Zubereitungszeit: etwa 1 Stunde

TIP
Wenn Sie keinen Rucola bekommen, können Sie ihn durch 150 g Blattspinat ersetzen, den sie kurz mit etwas Knoblauch andünsten.

Austernpilzgratin mit Hühnerbrust

Im Bild oben

Sie können statt Appenzeller auch den milderen Raclettekäse nehmen.

Kurzrezept

- Hühnerbrustscheiben und Pilze anbraten
- Knoblauch, Basilikum und Olivenöl pürieren, mit Käse mischen
- Pilze und Hühnerbrust in die Form schichten
- Mit der Käse-Kräuter-Mischung bedecken

Festlich

Zutaten für 4 Personen:

4 Hühnerbrustfilets (je etwa 125 g)
Salz
weißer Pfeffer, frisch gemahlen
600 g Austernpilze
4 EL Olivenöl
2–3 Bund Basilikum
4 Knoblauchzehen
80 g Appenzeller, frisch gerieben
Fett für die Form

Pro Portion etwa: 1400 kJ/330 kcal

1

Die Hühnerbrüstchen kalt abwaschen, trockentupfen und schräg in dünne Scheiben schneiden. Mit Salz und Pfeffer würzen. Die Austernpilze trocken abreiben oder kurz abbrausen und abtropfen lassen. Die harten Stiele abschneiden.

2

1 Eßlöffel Olivenöl in einer Pfanne erhitzen, die Hühnerbrustscheiben darin in etwa 3 Minuten von beiden Seiten anbraten, herausnehmen und beiseite stellen.

3

2 weitere Eßlöffel Olivenöl in die Pfanne geben, erhitzen und die Austernpilze darin etwa 6 Minuten braten, dabei einmal wenden. Die Pilze mit einem Kochlöffel flachdrücken.

4

Das Basilikum waschen, trockenschütteln und die Blättchen abzupfen. Den Knoblauch schälen und mit dem Basilikum und dem restlichen Olivenöl pürieren. Mit dem Käse vermischen. Den Backofen auf 200° vorheizen.

5

Eine Auflaufform ausfetten (Seite 8) und die Pilze mit den Hühnerbrustscheiben dachziegelartig einschichten (Seite 64), mit Salz und Pfeffer würzen. Die Käse-Kräuter-Mischung darauf verteilen. Das Gratin im Backofen (Mitte) etwa 20 Minuten überbacken.

Zubereitungszeit: etwa 1 Stunde

Kürbisgratin

Im Bild unten

Sie können sowohl einen Riesenkürbis als auch Squash (oder Patisson) verwenden. Letzterer gart schneller und muß nicht geschält werden.

Kurzrezept

- Zwiebeln, Tomaten, Knoblauch dünsten
- Kürbiswürfel und Parmesan untermischen
- In die Form füllen
- Mit Mozzarellascheiben belegen

Raffiniert

Zutaten für 4 Personen:
750 g Fleischtomaten
1 große Zwiebel
2 EL Olivenöl
2 Knoblauchzehen
Salz
schwarzer Pfeffer, frisch gemahlen
2 TL frischer Thymian
800 g Kürbis
2 Kugeln Mozzarella (je 150 g)
50 g Parmesan, frisch gerieben
Fett für die Form
Pro Portion etwa:
1400 kJ/330 kcal

1
Die Fleischtomaten mit kochendem Wasser überbrühen, häuten und grob hacken, dabei von den Stielansätzen befreien. Die Zwiebel schälen und fein würfeln.

2
Das Olivenöl in einer Pfanne erhitzen und die Zwiebelwürfel darin etwa 2 Minuten dünsten. Die Tomaten hinzufügen. Den Knoblauch schälen und dazupressen. Mit Salz, Pfeffer und Thymian kräftig würzen und bei schwacher Hitze etwa 5 Minuten kochen.

3
Den Kürbis von den Kernen und der Schale befreien und das Fruchtfleisch in kleine Würfel schneiden. Die Kürbiswürfel unter die Tomaten mischen und etwa 10 Minuten mitgaren.

4
Den Backofen auf 220° vorheizen. Den Mozzarella in dünne Scheiben schneiden. Den Parmesan unter das Gemüse mischen.

5
Eine Auflaufform ausfetten, das Gemüse hineinfüllen. Mit den Mozzarellascheiben belegen (Seite 64) und im Backofen (Mitte) etwa 20 Minuten überbacken, bis der Käse geschmolzen ist.

**Zubereitungszeit:
etwa 1 Stunde**

Zucchinigratin

Im Bild unten

Kurzrezept

- Zucchinischeiben blanchieren
- Quark, Eier, Kräuter, Gewürze und Schinkenwürfel mischen
- Masse mit Zucchinischeiben dekorativ einschichten
- Mit Pinienkernen bestreuen

Preiswert

Zutaten für 4 Personen:
800 g Zucchini
Salz
500 g Magerquark
4 Eier
2 Bund Schnittlauch
1 Bund Petersilie
1 Bund Basilikum
schwarzer Pfeffer, frisch gemahlen
200 g Prager Schinken in Scheiben
100 g Pinienkerne
Fett für die Form

Pro Portion etwa:
2000 kJ/480 kcal

1

Die Zucchini waschen, von den Stiel- und Blütenansätzen befreien und längs in dünne Scheiben schneiden. Salzwasser zum Kochen bringen, die Zucchini darin ganz kurz blanchieren und in einem Sieb sehr gut abtropfen lassen (Seite 8).

2

Den Quark mit den Eiern gründlich verrühren. Schnittlauch, Petersilie und Basilikum abbrausen, trockenschütteln. Von der Petersilie und dem Basilikum die Blättchen abzupfen. Die Kräuter fein hacken und unter den Quark mischen (Seite 28). Mit Salz und Pfeffer kräftig würzen.

3

Den Schinken klein würfeln. Die Pinienkerne bis auf 2 Eßlöffel fein mahlen und mit dem Schinken unter den Quark rühren. Den Backofen auf 200° vorheizen.

4

Eine feuerfeste Form ausfetten (Seite 8) und die Hälfte der Quarkmischung hineinfüllen. Die Zucchinischeiben dachziegelartig darauf verteilen (Seite 64) und mit der restlichen Quarkmischung bedecken. Zum Schluß die restlichen Pinienkerne darüber streuen. Im Backofen (Mitte) 30–35 Minuten backen.

Zubereitungszeit: etwa 1 Stunde

Kartoffel-Birnen-Gratin

Im Bild oben

Die Birnen werden etwas dicker geschnitten, weil sie weicher sind und deshalb schneller garen.

Kurzrezept

- Kartoffeln und Birnen in Scheiben schneiden
- Dachziegelartig einschichten, würzen
- Milch, Sahne und Käse verrühren und darüber gießen
- Mit Butterflöckchen besetzen

Gelingt leicht

Zutaten für 4 Personen:

800 g mehligkochende Kartoffeln

3 Birnen

Salz

schwarzer Pfeffer, frisch gemahlen

1 Prise Muskatnuß, frisch gerieben

250 g Sahne

100 g Greyerzer oder Emmentaler, frisch gerieben

Fett für die Form

Butterflöckchen zum Besetzen

Pro Portion etwa:
2100 kJ/500 kcal

1
Die Kartoffeln waschen, schälen und mit der Küchenmaschine oder dem Gemüsehobel in möglichst dünne Scheiben schneiden (Seite 8).

2
Die Birnen gründlich waschen, abtrocknen, längs halbieren, dabei Stiele und Kerngehäuse entfernen. Die Birnenhälften quer in dickere Scheiben schneiden.

3
Eine feuerfeste Form ausfetten (Seite 8) und die Kartoffeln und die Birnen dachziegelartig einschichten (Seite 64). Mit Salz, Pfeffer und Muskat bestreuen.
Den Backofen auf 180° vorheizen.

4
Die Sahne mit dem geriebenen Käse verquirlen und die Kartoffeln und Birnen damit übergießen (Seite 28). Mit Butterflöckchen besetzen (Seite 64).

5
Das Gratin im Backofen (Mitte) knapp 1 1/4 Stunden backen. Dann die Temperatur auf 200° erhöhen und das Gratin etwa 5 Minuten weitergaren, bis sich eine goldbraune Kruste gebildet hat.

Zubereitungszeit:
etwa 1 1/2 Stunden

Gratinierte Miesmuscheln

Vor dem Kochen geöffnete und nach dem Kochen noch geschlossene Muscheln wegwerfen, sie sind verdorben.

Kurzrezept

- Muscheln säubern
- Mit Zwiebelwürfeln und Weißwein kochen, aus der Schale lösen
- Form mit Tomatenscheiben auslegen, Muscheln darüber verteilen
- Käse, Knoblauch, gehackte Petersilie, Semmelbrösel, restliches Öl mischen, über die Muscheln streichen

Für Gäste

Zutaten für 4 Personen:
2 kg Miesmuscheln
2 Zwiebeln
4 EL Öl
1/4 l trockener Weißwein
600 g Fleischtomaten
Salz
schwarzer Pfeffer, frisch gemahlen
100 g Parmesan, frisch gerieben
3 Knoblauchzehen
1 Bund glatte Petersilie
8 EL Semmelbrösel
1 Prise Cayennepfeffer
Pro Portion etwa:
1600 kJ/380 kcal

1
Die Muscheln unter fließendem kalten Wasser gründlich abbürsten und den Bart abzupfen. Bereits geöffnete Muscheln wegwerfen.

2
Die Zwiebeln schälen und fein hacken. In einem großen Topf 2 Eßlöffel Öl erhitzen und die Zwiebelwürfel darin weich dünsten.

3
Die Muscheln dazugeben. Den Weißwein angießen und alles etwa 5 Minuten zugedeckt bei mittlerer Hitze kochen lassen, bis sich die Schalen geöffnet haben, dabei ab und zu am Topf rütteln.

4
Den Topf vom Herd nehmen. Die Muscheln aus den Schalen lösen und beiseite stellen. Noch geschlossene Muscheln aussortieren und wegwerfen. Den Backofen auf 250° vorheizen.

5
Die Tomaten mit kochendem Wasser überbrühen, häuten, in Scheiben schneiden und dabei die Stielansätze entfernen. Den Boden einer Form mit den Tomatenscheiben belegen und diese mit Salz und Pfeffer würzen. Die Muscheln darauf verteilen.

6
Den geriebenen Käse in eine Schüssel füllen. Den Knoblauch schälen und durch die Presse dazudrücken. Die Petersilie waschen und trockenschütteln. Die Blättchen abzupfen, fein hacken und mit den Semmelbröseln und dem restlichen Öl unter den Käse rühren (Seite 64). Alles gründlich vermischen und mit Salz, Pfeffer und Cayennepfeffer abschmecken.

7
Die Paste gleichmäßig auf den Muscheln verteilen. Im Backofen (Mitte) 5–10 Minuten gratinieren, bis sich eine goldgelbe Kruste bildet.

Dazu paßt frischer grüner Salat.

Zubereitungszeit: etwa 1 Stunde

Blumenkohl-Tomaten-Gratin

Im Bild oben

Achten Sie beim Einkauf von Blumenkohl darauf, daß die äußeren Blätter appetitlich frisch aussehen und den Kohlkopf noch fest umschließen. Im Winter können Sie statt frischer Fleischtomaten auch Dosentomaten verwenden.

Kurzrezept

- Blumenkohlröschen kochen
- Mit Tomatenachteln in die Form geben, Schinkenstreifen dazwischen streuen
- Eier, Käse, Crème fraîche und Gewürze verrühren, darüber gießen

Gelingt leicht

Zutaten für 4 Personen:
1 mittelgroßer Blumenkohl (etwa 1 kg)
Salz
750 g Fleischtomaten
300 g gekochter Schinken in dickeren Scheiben
weißer Pfeffer, frisch gemahlen
2 Eier
100 g Emmentaler, frisch gerieben
150 g Crème fraîche
1 Prise Muskatnuß, frisch gerieben
Fett für die Form
Pro Portion etwa: 2000 kJ/480 kcal

1
Den Blumenkohl in Röschen teilen und waschen. In kochendem Salzwasser 10–12 Minuten garen (Seite 8). Abgießen und gut abtropfen lassen.

2
Die Fleischtomaten mit kochendem Wasser überbrühen, häuten und achteln, dabei die Stielansätze entfernen. Den Schinken vom Fettrand befreien und in schmale Streifen schneiden. Den Backofen auf 220° vorheizen.

3
Eine feuerfeste Form ausfetten (Seite 8). Den Blumenkohl und die Tomaten hineinlegen, mit Salz und Pfeffer würzen. Den Schinken darüberstreuen.

4
Eier, Käse und Crème fraîche verrühren (Seite 28). Die Masse mit Salz, Pfeffer und Muskat kräftig würzen. Über die Zutaten in der Form gießen. Das Gratin im Backofen (Mitte) in etwa 25 Minuten goldbraun überbacken.

Zubereitungszeit: etwa 1 Stunde

Spinat-Champignon-Gratin

Im Bild unten

Kurzrezept

- Gehackte Zwiebeln, Champignons und Spinat dünsten
- Die Hälfte vom Käse und Gewürze untermischen
- Mit restlichem Käse bestreuen

Schnell

Zutaten für 4 Personen:
2 große Zwiebeln
2 EL Öl
300 g Champignons
500 g Blattspinat
100 g mittelalter Gouda, frisch gerieben
150 g abgetropfter Seelachs aus der Dose
Salz
schwarzer Pfeffer, frisch gemahlen
Muskatnuß, frisch gerieben
Fett für die Form

Pro Portion etwa:
1100 kJ/260 kcal

1
Die Zwiebeln schälen und fein hacken. Das Öl in einem weiten Topf erhitzen und die Zwiebeln darin andünsten.

2
Die Champignons putzen, trocken abreiben oder kurz abbrausen, große Exemplare vierteln, kleine halbieren. Zu den Zwiebeln geben und mitdünsten. Herausnehmen und beiseite stellen.

3
Den Spinat verlesen und dabei die Stiele abknipsen. Gründlich waschen, tropfnaß in den Topf geben und zusammenfallen lassen, dabei mehrmals umrühren. Den Backofen auf 200° vorheizen.

4
Die Hälfte des Käses unter die beiden Gemüse mischen, alles kräftig mit Salz, Pfeffer und Muskat würzen. Den Seelachs abspülen, trockentupfen, in feine Streifen schneiden und aufrollen.

5
Eine Auflaufform ausfetten (Seite 8) und die Pilze und den Spinat streifenförmig einfüllen. Die Seelachsröllchen darauf verteilen und alles mit dem restlichen Käse bestreuen (Seite 64). Das Gratin im Backofen (Mitte) 20–25 Minuten backen.

Zubereitungszeit: etwa 1 Stunde

TIP
Für Eilige: Bei tiefgekühltem Spinat reichen 300 g.

Hackfleisch unter der Kartoffeldecke

Kurzrezept

- Zwiebel, Möhrenraspel, Selleriestreifen und Hackfleisch anbraten
- Tomatenmark, Knoblauch, Crème fraîche und Gewürze unterrühren
- Masse in die Form füllen
- Kartoffelpüree, Gewürze und Käse mischen, darüber verteilen, mit Butterflöckchen belegen

Preiswert

Zutaten für 4 Personen:
1 mittelgroße Zwiebel
2 EL Öl
200 g Möhren
250 g Stangensellerie
600 g gemischtes Hackfleisch
2 EL Tomatenmark
2 Knoblauchzehen
4 EL Crème fraîche
Salz
schwarzer Pfeffer, frisch gemahlen
Paprikapulver, edelsüß
4 Portionen Kartoffelpüree (Fertigprodukt)
Muskatnuß, frisch gerieben
125 g Emmentaler, frisch gerieben
Fett für die Form
Butterflöckchen zum Besetzen
Pro Portion etwa:
3300 kJ/790 kcal

1
Die Zwiebel schälen und fein hacken. In einer weiten Pfanne mit hohem Rand das Öl erhitzen und die Zwiebel darin andünsten. Die Möhren waschen, schälen und auf einer Gemüsereibe direkt in die Pfanne raspeln. Den Stangensellerie waschen und quer in schmale Streifen schneiden. Mit dem Hackfleisch in die Pfanne geben.

2
Das Tomatenmark hinzufügen und alles gut mischen. Den Knoblauch schälen und dazupressen. Die Crème fraîche unterrühren, mit Salz, Pfeffer und Paprika kräftig würzen und alles zugedeckt etwa 8 Minuten dünsten. Den Backofen auf 200° vorheizen.

3
Das Kartoffelpüree nach Packungsanweisung zubereiten, mit Salz, Pfeffer und Muskat würzen und den geriebenen Käse untermischen.

4
Eine feuerfeste Form ausfetten (Seite 8) und die Hackfleischmasse einfüllen, mit dem Kartoffelpüree bedecken. Die Oberfläche glattstreichen und mit Butterflöckchen besetzen (Seite 64). Das Gratin im Backofen (Mitte) in etwa 20 Minuten goldgelb überbacken.

Dazu paßt gedünsteter Brokkoli mit Haselnußblättchen oder gemischter Blattsalat.

Zubereitungszeit: etwa 1 Stunde

VARIANTE
Die Kartoffeldecke ist auch gut für einen Fischauflauf geeignet, da das Fleisch schön saftig bleibt. Dafür eine feuerfeste Form mit gehäuteten Tomatenscheiben auslegen. Mit Kräutern, Knoblauch, Salz und Pfeffer würzen. Die Fischfilets darauf verteilen, mit dem Kartoffelpüree bedecken und etwa 20 Minuten überbacken.

Räucherfischgratin mit Spinat

Im Bild unten

Kurzrezept

- Fisch zerkleinern, mit Petersilie und Zitronensaft mischen
- Die Form mit blanchiertem Spinat auslegen, würzen
- Fischmasse darauf verteilen
- Crème fraîche, Zitronensaft und Käse verrühren, darüber streichen

Für Gäste

Zutaten für 4 Personen:
600 g Blattspinat
Salz
1 Bund glatte Petersilie
4 geräucherte Forellenfilets (etwa 250 g)
weißer Pfeffer, frisch gemahlen
Saft von 1 Zitrone
150 g Crème fraîche
100 g Gouda, frisch gerieben
Fett für die Form

Pro Portion etwa:
1500 kJ/360 kcal

1

Den Spinat verlesen, von den Stielen befreien und gründlich waschen. Wenig Salzwasser aufkochen und den Spinat darin etwa 1 Minute blanchieren (Seite 8). In ein Sieb abgießen, eiskalt abschrecken und gut abtropfen lassen.

2

Die Petersilie waschen, trockenschütteln, die Blättchen abzupfen und fein hacken. Den Backofen auf 220° vorheizen.

3

Die Forellenfilets häuten und von den Gräten befreien. Den Fisch grob zerkleinern, mit der Petersilie mischen, mit Salz und Pfeffer würzen und mit der Hälfte des Zitronensaftes gleichmäßig beträufeln.

4

Eine feuerfeste Form ausfetten (Seite 8). Den Spinat einfüllen, mit Salz und Pfeffer würzen und die Fisch-Mischung darauf verteilen.

5

Die Crème fraîche mit dem restlichen Zitronensaft und dem Käse verrühren. In die Form geben und verstreichen. Das Gratin im Backofen (Mitte) 20–25 Minuten überbacken.

Zubereitungszeit: etwa 1 1/4 Stunden

TIP

Preiswerter und herzhafter wird das Gratin mit Makrelenfilets, richtig edel dagegen mit Scampi.

Paprika-Fisch-Gratin

Im Bild oben

Kurzrezept

- Paprikastreifen und Zwiebelringe dünsten, würzen
- Fisch auf dem Gemüse verteilen
- Mehl, Käse, Sahne, Ei und Kerbel mischen
- Über das Gratin gießen

Raffiniert

Zutaten für 4 Personen:
4 rote Paprikaschoten
2 Zwiebeln
2 EL Öl
Salz
weißer Pfeffer, frisch gemahlen
600 g Goldbarschfilet
1 EL Mehl
100 g Gouda, frisch gerieben
200 g Sahne
1 Ei
1/2 Bund Kerbel
Fett für die Form

Pro Portion etwa:
2300 kJ/550 kcal

1

Die Paprikaschoten längs halbieren, von den Kernen und den weißen Trennhäuten befreien und unter fließendem Wasser gründlich waschen. Anschließend in schmale Streifen schneiden. Die Zwiebeln schälen, halbieren und in feine Ringe schneiden.

2

Das Öl in einer Pfanne erhitzen, die Zwiebelringe und die Paprikastreifen darin bei schwacher Hitze etwa 8 Minuten dünsten, mit Salz und Pfeffer würzen. Eine Form ausfetten (Seite 8), das Gemüse einfüllen. Den Backofen auf 220° vorheizen.

3

Den Fisch unter fließendem Wasser abspülen, trockentupfen. Auf dem Gemüse verteilen, salzen und pfeffern.

4

Das Mehl mit dem geriebenen Käse in einer Schüssel mischen. Die Sahne und das Ei unterrühren, alles kräftig mit Salz und Pfeffer würzen (Seite 28). Den Kerbel abbrausen, trockenschütteln, fein hacken und untermischen. Den Guß gleichmäßig auf dem Gratin verteilen. Das Gratin im Backofen (Mitte) etwa 15 Minuten gratinieren.

**Zubereitungszeit:
etwa 50 Minuten**

TIP

Anstelle von Goldbarsch können Sie auch den weniger fetten Kabeljau verwenden.

Für Gäste

Aufläufe sind hervorragend zur Gästebewirtung geeignet, weil sie problemlos vorbereitet und kalt gestellt werden können. So bleibt dem Gastgeber genügend Zeit für eine Vorspeise und ein schönes Dessert, und er kann in Ruhe den Tisch decken. Davon profitieren vor allem auch die Gäste, denn ein gutgelaunter Gastgeber hebt die Stimmung ungemein.
Daß ein liebevoll gedeckter Tisch auch mit einfachen Mitteln möglich ist, zeigen die folgenden Vorschläge.

Tischlein deck dich!
Sieht hübsch aus und ist ganz leicht nachzumachen: Die Serviette wird von einer großzügigen Taftschleife gehalten, in die Sie ein selbstgebundenes Kräutersträußchen stecken.

Natürlich stimmungsvoll
Die Tischdekoration kann je nach Jahreszeit gestaltet werden. Hier eine Dekoration mit Herbstlaub und -früchten. Die Teelichter auf feuerfeste Unterlagen stellen, beispielsweise auf Gläseruntersetzer.

Vorspeise: Salat mit Scampi und Pilzen
Friséesalat mit einer Vinaigrette. 250 g Champignons in Scheiben schneiden, in 2 EL Nußöl braten. Pro Person 3 gegarte Scampi im verbliebenen Fett schwenken, auf dem Salat anrichten.

Vorspeise: Marinierter Räucherlachs
Pro Person etwa 50 g Räucherlachs auf einen Teller geben. Mit einer Vinaigrette aus Zitronensaft, Olivenöl, Senf, Salz, Pfeffer und 1 Bund gehacktem Dill marinieren. Goldbraunen Toast und Butter dazu reichen.

Dessert: Beeren mit Mascarponecreme
Pro Person etwa 125 g gemischte Beeren nach Saison in Dessertschalen verteilen. 200 g Mascarpone mit 1 Prise Zimtpulver, Saft von 1/2 Zitrone und 4 cl Amaretto glattrühren, über die Beeren geben. Mit Zitronenmelisse oder Minze garnieren.

Dessert: Exotischer Obstsalat
1 mittelgroße Ananas, 1 reife Mango, 3 Kiwis schälen, kleinschneiden, in eine Schüssel geben. 5 cl weißen Rum mit 1 EL Honig verrühren, darüber gießen. In einer beschichteten Pfanne ohne Fett 6 EL Kokosflocken goldgelb rösten, darüber streuen. Kurz ziehen lassen.

DUSTINUS

Kabeljaugratin mit Zuckerschoten

Sie sollten, wenn irgend möglich, frischen Kerbel verwenden, denn er hat einen hohen Gehalt an Vitamin C. Sein angenehm süßliches, fenchelartiges Aroma verdankt er einem ätherischen Öl.

Kurzrezept

- Kerbel, Olivenöl und Zitronensaft pürieren, Fischstreifen darin marinieren
- Marinade mit Frischkäse und Wein mixen, würzen
- Gekochten Reis, Zuckerschoten und die Hälfte der Sauce in die Form geben
- Fischstreifen darauf anrichten, mit restlicher Sauce begießen

Gelingt leicht

Zutaten für 4 Personen:
800 g Kabeljaufilet
1/2 Bund Kerbel
3 EL Olivenöl
Saft von 1 Zitrone
Salz
weißer Pfeffer, frisch gemahlen
150 g Langkornreis
300 g Zuckerschoten
200 g Frischkäse
100 ml trockener Weißwein
Fett für die Form

Pro Portion etwa:
2100 kJ/500 kcal

1
Den Fisch kalt abspülen, trockentupfen und, falls nötig, Gräten entfernen. Den Fisch in etwa 5 cm breite Stücke schneiden und in eine flache Schale legen.

2
Den Kerbel waschen, trockenschütteln und die Blättchen abzupfen. Den Kerbel mit dem Olivenöl und dem Zitronensaft im Mixer pürieren. Die Mischung mit Salz und Pfeffer würzen und über den Fisch gießen. Die Fischwürfel im Kühlschrank etwa 30 Minuten marinieren.

3
Salzwasser aufkochen. Den Reis darin etwa 20 Minuten quellen lassen, dann in ein Sieb abgießen und kalt abspülen. Inzwischen die Zuckerschoten putzen, waschen und im kochenden Salzwasser etwa 1 Minute blanchieren (Seite 8). Den Backofen auf 180° vorheizen.

4
Den Fisch aus der Marinade nehmen. Die Marinade mit dem Frischkäse und dem Wein im Mixer pürieren. Mit Salz und Pfeffer würzen.

5
Eine feuerfeste Form ausfetten (Seite 8). Den Reis einfüllen, die Zuckerschoten darauf verteilen und mit der Hälfte der Sauce begießen. Die Fischstücke darauf anrichten und mit der restlichen Sauce überziehen. Das Gratin im Backofen (Mitte) 15–20 Minuten überbacken.

Zubereitungszeit: etwa 1 1/4 Stunden (davon 30 Minuten Marinierzeit)

TIP
Versuchen Sie statt Zuckerschoten einmal eine Mischung aus Kohlrabi und Möhren. Dafür das gewaschene und geschälte Gemüse in feine Scheiben schneiden und in kochendem Salzwasser bißfest garen. Statt Kerbel nehmen Sie dann Schnittlauch oder Petersilie.

Auberginenauflauf mit Mortadella

Im Bild oben

Kurzrezept

- Auberginenraspel, Zwiebelringe, Knoblauch und Gewürze anbraten
- Mit Tomaten, Mortadella und Joghurt mischen
- Mit Parmesan, Semmelbröseln und Olivenöl überbacken

Würzig

Zutaten für 4 Personen:
500 g Auberginen
4 EL Olivenöl
1 Zwiebel
3 Knoblauchzehen
Salz
schwarzer Pfeffer, frisch gemahlen
1 TL frischer Thymian
2 große Fleischtomaten
250 g Mortadella in Scheiben
100 g griechischer Joghurt (1/2 Becher)
50 g Parmesan, frisch gerieben
50 g Semmelbrösel
Fett für die Form
Pro Portion etwa:
1800 kJ/430 kcal

1
Die Auberginen waschen, von den Enden befreien und grob raspeln. 3 Eßlöffel Öl erhitzen und die Auberginen bei starker Hitze unter Rühren kurz anbraten, dann die Hitze reduzieren.

2
Die Zwiebel schälen, vierteln und in feine Ringe schneiden. Unter die Auberginen mischen. Den Knoblauch schälen und durch die Presse dazudrücken. Mit Salz, Pfeffer und Thymian würzen und alles etwa 3 Minuten dünsten.

3
Die Tomaten mit kochendem Wasser überbrühen, häuten und grob hacken. Die Mortadella in schmale Streifen schneiden. Den Backofen auf 200° vorheizen.

4
Die eventuell entstandene Flüssigkeit in der Pfanne abgießen.
Eine Auflaufform ausfetten (Seite 8). Auberginen, Tomaten, Mortadella und Joghurt mischen, einfüllen.

5
Parmesan, Semmelbrösel und restliches Öl mischen und auf dem Auflauf verteilen. Im Backofen (Mitte) etwa 20 Minuten knusprig überbacken.

Zubereitungszeit: etwa 1 Stunde

Chinakohl-Puten-Auflauf

Im Bild unten

Kurzrezept

- Zwiebel und Putenstreifen anbraten
- Chinakohl dünsten, Fleisch dazugeben
- Joghurtsauce anrühren und untermischen

Gelingt leicht

Zutaten für 4–6 Personen:
600 g Putenfleisch
1 große Zwiebel
2 EL Öl
1 mittelgroßer Chinakohl (etwa 600 g)
Salz
schwarzer Pfeffer, frisch gemahlen
300 g Sahnejoghurt
200 g Roquefort oder Gorgonzola
1 Bund glatte Petersilie
1 Prise Muskatnuß, frisch gerieben
Fett für die Form

Bei 6 Personen pro Portion etwa:
2200 kJ/520 kcal

1
Das Putenfleisch kalt abwaschen, trockentupfen und in etwa 1 cm breite Streifen schneiden.

2
Die Zwiebel schälen und fein hacken. 1 Eßlöffel Öl in einer Pfanne erhitzen und die Zwiebel darin bei schwacher Hitze andünsten. Die Putenstreifen dazugeben, rundum kurz anbraten, herausnehmen und zugedeckt beiseite stellen.

3
Den Chinakohl putzen, die Blätter ablösen, waschen und in etwa 1 cm breite Streifen schneiden. Das restliche Öl in der Pfanne erhitzen und die Gemüsestreifen darin bei schwacher Hitze 3–5 Minuten andünsten. Das Fleisch dazugeben und alles kräftig mit Salz und Pfeffer würzen. Den Backofen auf 200° vorheizen.

4
Den Joghurt in eine Schüssel geben. Den Käse grob zerbröckeln, hinzufügen und alles gut verrühren. Die Petersilie waschen, trockenschütteln, die Blättchen abzupfen und fein hacken. Unter die Sauce rühren, mit Salz, Pfeffer und Muskat abschmecken.

5
Sauce, Gemüse und Fleisch mischen. Eine Auflaufform ausfetten (Seite 8), die Masse einfüllen. Im Backofen (Mitte) etwa 20 Minuten backen.

Zubereitungszeit:
etwa 1 1/2 Stunden

Überbackene Hackfleischbällchen

Kurzrezept
- Béchamelsauce mit Käse kochen
- Aus Brötchen, Hackfleisch, Ei und Zwiebel Kugeln formen
- Tomaten in die Form geben, Blumenkohlröschen und Hackfleischbällchen darauf verteilen
- Mit der Käsesauce begießen

Braucht etwas Zeit

Zutaten für 4 Personen:
1 Brötchen vom Vortag
1 grüner Blumenkohl (etwa 600 g)
Salz
1 mittelgroße Zwiebel
20 g Butter
250 g Fleischtomaten
1 gehäufter EL Mehl
3/8 l Milch
200 g Appenzeller, frisch gerieben
schwarzer Pfeffer, frisch gemahlen
Muskatnuß, frisch gerieben
300 g gemischtes Hackfleisch
1 Ei · 1 Eigelb
1 TL Paprikapulver, edelsüß
1 TL frischer Thymian (oder 1/2 TL getrockneter)
1 TL frischer Oregano (oder 1/2 TL getrockneter)
Butter für die Form
Pro Portion etwa: 2600 kJ/620 kcal

1
Das Brötchen in kaltem Wasser einweichen. Den Blumenkohl in Röschen teilen und waschen. Reichlich Salzwasser aufkochen, den Blumenkohl darin etwa 3 Minuten blanchieren (Seite 8), eiskalt abschrecken und gut abtropfen lassen.

2
Die Zwiebel schälen und fein hacken. 10 g Butter in einer Pfanne erhitzen und die Zwiebel darin weich dünsten. Den Backofen auf 180° vorheizen.

3
Die Tomaten mit kochendem Wasser überbrühen, häuten, entkernen und grob hacken, dabei von den Stielansätzen befreien.

4
Die restliche Butter schmelzen, das Mehl einrühren und goldgelb anschwitzen. Die Milch dazugießen, dabei mit dem Schneebesen rühren, damit keine Klümpchen entstehen. Zugedeckt etwa 10 Minuten leise köcheln lassen, dabei immer wieder durchrühren. Den geriebenen Käse hinzufügen und unter Rühren schmelzen lassen. Mit Salz, Pfeffer und Muskat kräftig würzen.

5
Das Brötchen gut ausdrücken und mit dem Hackfleisch, dem Ei, dem Eigelb und der gedünsteten Zwiebel in eine Schüssel geben. Mit den Händen zu einem geschmeidigen Teig verkneten und mit Salz, Pfeffer, Muskat, Paprika, Thymian und Oregano kräftig würzen. Aus der Masse mit angefeuchteten Händen tischtennisballgroße Kugeln formen.

6
Eine Form ausfetten (Seite 8) und die gehackten Tomaten auf dem Boden verteilen. Die Blumenkohlröschen und die Fleischbällchen darauf verteilen. Mit der Käsesauce übergießen.

7
Im Backofen (Mitte) etwa 45 Minuten überbacken. Falls die Oberfläche zu dunkel wird, mit Alufolie abdecken.

Dazu passen Kartoffelpüree oder Salzkartoffeln.

Zubereitungszeit: etwa 1 1/2 Stunden

TIP
Anstelle des Blumenkohls können Sie auch Romanesco (Minarettkohl) oder Brokkoli verwenden.

Überbackene Kalbsschnitzel

Im Bild oben

Kurzrezept

- Schnitzel braten und würzen
- Sahne, Kräuterfrischkäse und Gewürze verrühren
- Frühlingszwiebelringe blanchieren
- Abwechselnd Frühlingszwiebeln, Sauce und Schnitzel in die Form geben, mit Sauce abdecken

Gelingt leicht

Zutaten für 4 Personen:
1 Bund Frühlingszwiebeln
Salz
2 EL Öl
4 Kalbsschnitzel (je etwa 175 g)
schwarzer Pfeffer, frisch gemahlen
200 g Sahne
200 g Kräuterfrischkäse
Muskatnuß, frisch gerieben
Fett für die Form

Pro Portion etwa:
2400 kJ/570 kcal

1
Die Frühlingszwiebeln putzen, waschen und in feine Ringe schneiden. Salzwasser aufkochen und die Zwiebeln darin etwa 1/2 Minuten blanchieren (Seite 8). In ein Sieb abgießen, eiskalt abschrecken und sehr gut abtropfen lassen.

2
Den Backofen auf 200° vorheizen. Das Öl erhitzen, die Schnitzel darin auf jeder Seite etwa 2 Minuten braten, salzen und pfeffern. Eine längliche feuerfeste Form ausfetten (Seite 8).

3
Die Sahne gründlich mit dem Kräuterfrischkäse verrühren, mit Salz, Pfeffer und 1 Prise Muskat würzen (Seite 28).

4
Den Boden der Auflaufform mit der Hälfte der Frühlingszwiebeln auslegen, ein Drittel der Sauce darauf verteilen. Die Schnitzel darauf legen, mit einem Drittel der Sauce begießen und die restlichen Frühlingszwiebeln darüber geben. Zum Schluß die restliche Sauce darauf verteilen und alles im Backofen (Mitte) etwa 15 Minuten überbacken, bis die Oberfläche goldgelb ist.

Zubereitungszeit: etwa 1 Stunde

TIP
Leichter wird's mit Putenschnitzel.

Bulgurauflauf mit Huhn und Gemüse

Im Bild unten

Kurzrezept

- Bulgur quellen lassen
- Zwiebel und Paprika dünsten
- Tomatenmark, Hühnerbrust und Bulgur unterrühren
- Auflauf mit Gorgonzola belegen

Exotisch

Zutaten für 4 Personen:
Salz
200 g Bulgur (Reformhaus oder Naturkostladen)
1 Zwiebel · 3 EL Öl
2 rote Paprikaschoten
1 gelbe Paprikaschote
1 Zucchino (etwa 200 g)
3 EL Tomatenmark
Pfeffer, frisch gemahlen
1 TL Paprikapulver, edelsüß
4 Hühnerbrüstchen (je etwa 125 g)
150 g Sahnegorgonzola
Fett für die Form

Pro Portion etwa:
2200 kJ/520 kcal

1
300 ml Wasser mit etwas Salz aufkochen. Den Bulgur hinzufügen. Nochmals kurz aufwallen lassen und den Bulgur etwa 10 Minuten bei schwacher Hitze quellen lassen.

2
Die Zwiebel schälen und fein hacken. 2 Eßlöffel Öl in einer Pfanne erhitzen, die Zwiebel darin dünsten. Den Backofen auf 200° vorheizen.

3
Die Paprikaschoten waschen, von Kernen und Trennhäuten befreien und klein würfeln. Den Zucchino waschen, von den Enden befreien und klein würfeln. Das Gemüse zur Zwiebel geben und etwa 5 Minuten mitdünsten. Das Tomatenmark unterrühren. Mit Salz, Pfeffer und Paprika kräftig würzen und den Bulgur untermischen.

4
Die Hühnerbrüstchen in breite Streifen schneiden. Das restliche Öl erhitzen und die Hühnerbrüstchen darin etwa 2 Minuten kräftig anbraten, mit Salz und Pfeffer würzen.

5
Eine Form ausfetten (Seite 8). Die Hühnerbrüstchen unter das Gemüse mischen und einfüllen. Den Käse in kleinen Stücken darauf verteilen (Seite 64). Den Auflauf im Backofen (Mitte) etwa 30 Minuten garen.

Zubereitungszeit: etwa 1 1/2 Stunden

Reisauflauf mit Lamm und Datteln

Kurzrezept

- Fleischwürfel anbraten
- Paprika, Datteln, Pinienkerne, Zwiebeln und Knoblauch andünsten
- Fleisch, gekochten Reis, Tomaten, Gewürze und Minze dazugeben
- Mit Schafkäse bestreuen, mit Olivenöl beträufeln

Marokkanische Spezialität

Zutaten für 4–6 Personen:

Salz
200 g Langkornreis
500 g Lammfleisch aus der Schulter
3 EL Olivenöl
schwarzer Pfeffer, frisch gemahlen
2 grüne Paprikaschoten
200 g frische Datteln
3 EL Pinienkerne
1 große Zwiebel
2 Knoblauchzehen
1 große Dose Tomaten (800 g, Abtropfgewicht 500 g)
1 Msp. Cayennepfeffer
1 Prise Kreuzkümmel
1 TL Paprikapulver, edelsüß
1 Bund frische Minze
125 g Schafkäse
Fett für die Form

Bei 6 Personen pro Portion etwa:
2400 kJ/570 kcal

1
Reichlich Salzwasser zum Kochen bringen und den Langkornreis darin etwa 20 Minuten bei schwacher Hitze quellen lassen.

2
Das Lammfleisch kalt abspülen, trockentupfen und in Würfel von etwa 2 cm Kantenlänge schneiden. 2 Eßlöffel Olivenöl in einer Pfanne erhitzen und die Fleischwürfel darin rundum kräftig anbraten. Herausnehmen, mit Salz und Pfeffer würzen, beiseite stellen.

3
Die Paprikaschoten waschen, von den Kernen und den weißen Trennhäuten befreien und klein würfeln. Die Datteln entkernen und ebenfalls klein würfeln. Zusammen mit der Paprika und den Pinienkernen im verbliebenen Bratfett etwa 1 Minute dünsten. Die Zwiebel und den Knoblauch schälen, fein hacken und hinzufügen. Alles etwa 3 Minuten bei schwacher Hitze schmoren lassen. Den Backofen auf 220° vorheizen.

4
Den Reis in ein Sieb abgießen und gut abtropfen lassen. Mit den Fleischwürfeln und den Tomaten samt Saft zum Gemüse in die Pfanne geben, gut durchrühren und erwärmen. Mit Salz, Pfeffer, Cayennepfeffer, Kreuzkümmel und Paprika kräftig würzen. Die Minze waschen, trockenschütteln, die Blättchen abzupfen, kleinschneiden und untermischen. Eine Auflaufform ausfetten (Seite 8), die Mischung hineinfüllen und im Backofen (Mitte) etwa 15 Minuten backen.

5
Den Schafkäse zerbröckeln (Seite 64), auf dem Auflauf verteilen, mit dem restlichen Olivenöl beträufeln und alles bei 180° weitere 20 Minuten garen.

Dazu paßt ein knackiger Salat.

Zubereitungszeit: etwa 1 1/2 Stunden

TIP
Wenn Sie keine frischen Datteln bekommen, können Sie auch getrocknete verwenden; dann reichen allerdings 150 g.

Mangoldpäckchen mit Kalbsbrät

Im Bild unten

Kurzrezept

- Zwiebel und Petersilie andünsten
- Mit Kalbsbrät, Ei und Brötchen mischen
- Mangoldblätter füllen, in die Form legen
- Tomaten-Kräuter-Sahne darüber gießen

Gut vorzubereiten

Zutaten für 4 Personen:
750 g Blattmangold
Salz
1 Brötchen vom Vortag
1 Zwiebel
30 g Butter.
1 Bund Petersilie
400 g Kalbsbrät · 1 Ei
schwarzer Pfeffer, frisch gemahlen
Muskatnuß, frisch gerieben
125 g passierte Tomaten (Fertigprodukt)
200 g Sahne
2 TL frischer Oregano
1 Msp. Cayennepfeffer
Fett für die Form

Pro Portion etwa:
2400 kJ/570 kcal

1
Den Mangold waschen, putzen, die dicken Blattrippen herausschneiden. Reichlich Salzwasser zum Kochen bringen und den Mangold darin etwa 1/2 Minute blanchieren (Seite 8). Abgießen, kalt abschrecken und abtropfen lassen.

2
Das Brötchen in kaltem Wasser einweichen. Die Zwiebel schälen, fein hacken und in 10 g Butter andünsten. Die Petersilie fein hacken, zur Zwiebel geben und kurz mitdünsten.

3
Das Kalbsbrät, das Ei, die Zwiebelmischung und das gut ausgedrückte Brötchen mischen. Mit Salz, Pfeffer und Muskat würzen. Den Backofen auf 200° vorheizen. Eine Form ausfetten.

4
Auf jedes Mangoldblatt 2 Eßlöffel Füllung geben. Die Seiten des Blattes über der Füllung schlagen und das Blatt aufrollen. Die Mangoldpäckchen in die Form legen. Die restliche Butter schmelzen und die Mangoldpäckchen damit bepinseln.

5
Tomaten und Sahne aufkochen, mit Salz, Pfeffer, Oregano und Cayennepfeffer würzen. Um die Päckchen gießen. Im Backofen (Mitte) 30–35 Minuten garen.

Zubereitungszeit:
etwa 1 3/4 Stunden

Chicoréeauflauf mit Hühnerbruststreifen

Im Bild oben

Chicorée ist reich an Mineralstoffen wie Kalium, Phosphor und Kalzium und an den Vitaminen A, B_1, B_2 und C.

Kurzrezept

- Hühnerbrust und Schalotte anbraten
- Mit Wein ablöschen
- Halbierten Chicorée und Hühnerbruststreifen in die Form geben
- Zitronensaft, Crème fraîche, Käse mischen und darüber gießen

Gelingt leicht

Zutaten für 4 Personen:
4 Hühnerbrüstchen (je etwa 120 g)
1 Schalotte
1 EL Öl
Salz
schwarzer Pfeffer, frisch gemahlen
1/2 TL Currypulver
1/8 l trockener Weißwein
800 g Chicorée
Saft von 1/2 Zitrone
200 g Crème fraîche
100 g Emmentaler, frisch gerieben
1 Prise Muskatnuß, frisch gerieben
1 Msp. Cayennepfeffer
Fett für die Form

Pro Portion etwa:
2000 kJ/480 kcal

1

Die Hühnerbrüstchen kalt abspülen, trockentupfen und quer in Streifen schneiden. Die Schalotte schälen und fein hacken. Das Öl erhitzen und das Fleisch darin kurz anbraten. Die Schalotte hinzufügen und etwa 5 Minuten bei mittlerer Hitze mitbraten. Alles mit Salz, Pfeffer und Curry würzen. Den Weißwein angießen und etwa um die Hälfte einkochen lassen.

2

Den Backofen auf 200° vorheizen. Den Chicorée längs halbieren, waschen und die bitteren Strünke herausschneiden. Eine Auflaufform ausfetten (Seite 8) und die Chicoréehälften mit der Schnittfläche nach unten hineingeben. Die Hühnerbruststreifen dazwischen verteilen.

3

Zitronensaft, Crème fraîche und Emmentaler verrühren. Mit Salz, Pfeffer, Muskat und Cayennepfeffer würzen und über den Chicorée gießen. Im Backofen (Mitte) etwa 20 Minuten garen.

Zubereitungszeit: etwa 1 Stunde

Sellerieauflauf mit Kuskus

Kurzrezept

- Sellerieviertel bißfest garen
- Zwiebel und Knoblauch dünsten, Kuskus und Tomaten dazugeben
- Gebratene Fleisch- und Gemüsestücke untermischen
- Tomatensaft, Sahne und Käse verrühren, darüber gießen

Braucht etwas Zeit

Zutaten für 4 Personen:

1–2 Sellerieknollen (etwa 700 g)
2 EL Essig
1 große Zwiebel
4 EL Olivenöl
2 Knoblauchzehen
100 g Kuskus
500 g Tomatenfruchtfleisch in Stückchen (Fertigprodukt)
Salz
schwarzer Pfeffer, frisch gemahlen
500 g Schweinehals
1 rote Paprikaschote (etwa 200 g)
2 Frühlingszwiebeln
Zitronensaft
1 TL getrockneter Oregano
20 g weiche Butter
1/2 l Tomatensaft
200 g Sahne
150 g Gorgonzola
Fett für die Form

Pro Portion etwa: 3600 kJ/860 kcal

1

Die Sellerieknollen schälen und halbieren oder vierteln. Reichlich Wasser zum Kochen bringen, den Essig dazugeben und den Sellerie darin in 25–30 Minuten gerade bißfest garen.

2

Inzwischen die Zwiebel schälen und fein würfeln. In einer weiten Pfanne 2 Eßlöffel Olivenöl erhitzen, die Zwiebel darin glasig dünsten. Den Knoblauch schälen und durch die Presse dazudrücken.

3

Den Kuskus hinzufügen und kurz mitdünsten. Die Tomatenstückchen samt dem Saft unterrühren und aufkochen. Alles mit Salz und Pfeffer würzen und bei schwacher Hitze im geschlossenen Topf etwa 15 Minuten quellen lassen.

4

Das Fleisch kalt abspülen, trockentupfen und in Würfel schneiden. Mit Salz und Pfeffer würzen. Das restliche Olivenöl in einer Pfanne erhitzen und das Fleisch darin portionsweise kräftig anbraten. Den Backofen auf 200° vorheizen.

5

Den Sellerie abgießen und etwas abkühlen lassen, erst in etwa 1 cm dicke Scheiben, dann in Würfel schneiden. Mit dem Fleisch unter den Kuskus mischen.

6

Die Paprikaschote waschen, von den Kernen und den weißen Trennhäuten befreien und klein würfeln. Die Frühlingszwiebeln ebenfalls putzen, waschen und in Ringe schneiden. Beides zum Kuskus geben und alles noch etwa 5 Minuten bei schwacher Hitze dünsten. Mit Salz, Pfeffer, Zitronensaft und Oregano kräftig würzen. Die Butter unterrühren.

7

Den Tomatensaft aufkochen, die Sahne dazugeben, den Käse zerbröckeln und unterrühren. Mit Salz und Pfeffer abschmecken.

8

Eine Form ausfetten (Seite 8) und die Kuskusmischung hineinfüllen. Den Auflauf mit der Sauce übergießen und im Backofen (Mitte) etwa 25 Minuten überbacken.

Zubereitungszeit: etwa 2 Stunden

TIP
Wer auf Fleisch verzichten möchte, kann es durch Räuchertofu (Reformhaus) ersetzen.

Kohlrabi-Fisch-Lasagne

Im Bild unten

Kurzrezept

- Fisch mit Zitronensaft beträufeln, würzen
- Butter und Mehl anschwitzen, Weißwein, Sahne, Parmesan einrühren, Kohlrabi in Scheiben schneiden
- Kohlrabi und Fisch in die Form schichten

Ungewöhnlich

Zutaten für 4 Personen:
2 große Kohlrabi (etwa 700 g)
500 g Schollenfilets
Saft von 1 Zitrone
Salz
weißer Pfeffer, frisch gemahlen
1 Bund Petersilie
20 g Butter
2 EL Mehl
1/8 l Weißwein
250 g Sahne
2 EL Parmesan, frisch gerieben
Fett für die Form

Pro Portion etwa:
1900 kJ/450 kcal

1

Die Kohlrabi waschen, schälen, vierteln und in dünne Scheiben hobeln (Seite 8). Den Fisch kalt abspülen, trockentupfen und mit dem Zitronensaft beträufeln. Salzen und pfeffern. Die Petersilie abbrausen, trockenschütteln und die Blättchen fein hacken.

2

Die Butter in einem kleinen Topf schmelzen, das Mehl einrühren und leicht anschwitzen. Mit dem Weißwein ablöschen, dabei kräftig rühren, damit es keine Klümpchen gibt. Die Sahne und den Parmesan einrühren. Die Sauce etwa 1 Minute kochen lassen, mit Salz und Pfeffer würzen. Den Backofen auf 180° vorheizen.

3

Eine Form ausfetten (Seite 8) und ein Drittel der Kohlrabischeiben auf dem Boden verteilen. Mit etwas Sauce begießen. Die Hälfte des Fischs darauf legen, mit etwas Petersilie bestreuen und mit etwas Sauce begießen. Dann folgen eine Schicht Kohlrabi, etwas Sauce, der restliche Fisch mit der Petersilie und etwas Sauce.

4

Die letzte Schicht bilden Kohlrabi, die mit der restlichen Sauce begossen werden. Die Lasagne im Backofen (Mitte) etwa 40 Minuten garen.

**Zubereitungszeit:
etwa 1 3/4 Stunden**

Canelloni mit Kabeljau und Spinat

Im Bild oben

Kurzrezept

- Fisch pürieren
- Mit Spinat, Ei und Sahne mischen
- Tomaten- und Béchamelsauce kochen
- Canelloni füllen

Raffiniert

Zutaten für 4 Personen:
300 g Kabeljau
1 Zwiebel · 30 g Butter
1 Bund Dill · Salz
schwarzer Pfeffer, frisch gemahlen
250 g Blattspinat
1 Ei · 2 EL Sahne
2 Schalotten
2 EL Olivenöl
1 große Dose Tomaten (800 g, Abtropfgewicht 500 g)
2 TL getrockneter Oregano
1 EL Mehl · 300 ml Milch
1 Prise Muskatnuß, frisch gerieben
50 g Parmesan, frisch gerieben
12 vorgegarte Canelloni
Fett für die Form
Pro Portion etwa:
2900 kJ/690 kcal

1
Den Fisch kleinschneiden. Die Zwiebel schälen, fein hacken. 20 g Butter erhitzen, die Zwiebel darin glasig dünsten. Den Dill grob hacken. Mit dem Fisch zu den Zwiebeln geben und 5 Minuten mitdünsten, pürieren, salzen und pfeffern.

2
Den Spinat verlesen, waschen, tropfnaß bei mittlerer Hitze zusammenfallen lassen. Herausnehmen, etwas ausdrücken und grob hacken. Das Ei mit der Sahne verquirlen, den Spinat unterrühren und alles mit der Fischfarce mischen.

3
Die Schalotten schälen und fein hacken. Das Öl erhitzen und die Schalotten darin andünsten. Die Tomaten samt Saft dazugeben, etwa 20 Minuten köcheln lassen. Mit Salz, Pfeffer und Oregano würzen. Den Backofen auf 200° vorheizen.

4
Die restliche Butter zerlassen, das Mehl darin anschwitzen, unter Rühren die Milch zugießen. Salz, Pfeffer, Muskat, Parmesan unterrühren. Eine Form ausfetten (Seite 8). Die Canelloni mit der Fisch-Spinat-Masse füllen, hineinlegen. Mit den beiden Saucen begießen. Im Backofen (Mitte) etwa 30 Minuten backen.

Zubereitungszeit:
etwa 1 3/4 Stunden

Süßes satt

Bei Kindern sind sie ganz besonders beliebt, aber auch Erwachsene lassen sich von diesen süßen Köstlichkeiten gerne verführen. Wenn's einen süßen Auflauf als Hauptgericht gibt, reicht davor eine leichte Suppe oder ein Salat. Den Abschluß bildet Käse. Wenn Sie den Auflauf als Dessert planen, dürfen die Portionen natürlich kleiner sein. Servieren Sie davor besonders leichte Speisen.

Mango schneiden
Die meisten Aufläufe enthalten Früchte, die vorbereitet, in die Form gelegt oder unter die Auflaufmasse gerührt werden. Bei der Mango geht's so: Die Mango schälen und das Fruchtfleisch rund um den Kern in Spalten abschneiden.

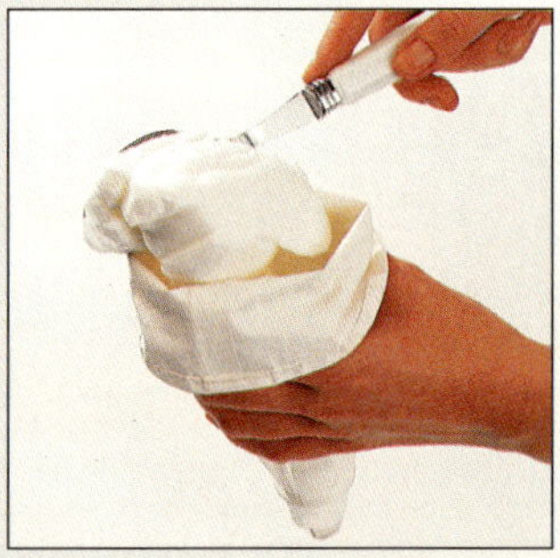

Luftige Baiserhaube
Obstaufläufe lassen sich gut mit einer Baiserhaube gratinieren. Dafür das Eiweiß steif schlagen und mit den Zutaten mischen. Die Masse auf dem Auflauf verteilen oder mit einem Spritzbeutel aufspritzen.

Filetieren – ganz einfach
Werden Zitrusfrüchte verwendet, sollten sie filetiert werden. Dafür die Früchte so schälen, daß die weiße Innenhaut fast vollständig entfernt ist. Die Filets mit einem kleinen, spitzen Messer aus den Zwischenhäuten lösen.

Vanille-Sahne-Sauce
Zu vielen süßen Aufläufen passen Saucen aus pürierten Früchten, geschmolzener Schokolade oder eine Vanillesauce. Für die Vanillesauce 2 Eier trennen. Die Eigelbe und 5 EL Zucker in eine Schüssel geben und mit den Schneebesen des Handrührgerätes zu einer hellgelben Masse schlagen.

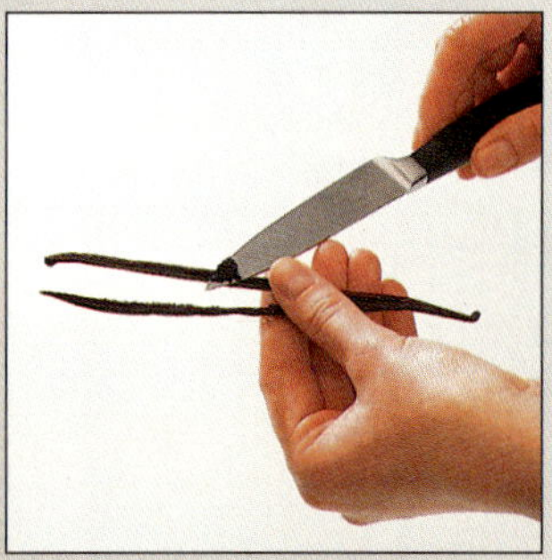

Das Mark ist wichtig
1 Vanilleschote längs aufschlitzen und das Mark herauskratzen. Mark, Schote, 1/4 l Milch und 250 g Sahne aufkochen. Die Schote anschließend herausnehmen und wegwerfen.

Beständig rühren
Den Topf von der Kochstelle nehmen und die Eiermasse in die heiße, aber nicht mehr kochende Milch rühren. Bei schwacher Hitze unter Rühren eindicken lassen.

Traumhaft locker
Die Eiweiße mit 1 Prise Salz steif schlagen und gleichmäßig unter die Sauce heben, so wird sie traumhaft locker. Die Vanille-Sahne-Sauce paßt warm und kalt zu fast jedem süßen Auflauf.

Stachelbeerauflauf

Im Bild oben

Stachelbeeren haben einen sehr hohen Zuckergehalt. Der säuerliche Geschmack kommt von den Inhaltsstoffen Wein-, Apfel- und Zitronensäure. Hervorzuheben ist der hohe Gehalt an Vitamin C, Kalium, Natrium, Calcium und Phosphor.

Kurzrezept

- Butter, Zucker, Mandeln, Eigelbe und Zitronenschale schaumig rühren
- Grieß, Mehl, Backpulver und Milch dazugeben
- Eischnee unterheben
- Stachelbeeren untermischen

Gelingt leicht

Zutaten für 4 Personen:

500 g Stachelbeeren
4 Eier
125 g weiche Butter
250 g Zucker
1 Päckchen Vanillezucker
50 g gemahlene Mandeln
abgeriebene Schale von 1/2 unbehandelten Zitrone
250 g Grieß
125 g Mehl
2 gestrichene TL Backpulver
1/4 l Milch
Fett für die Form

Pro Portion etwa:
4500 kJ/1100 kcal

1

Die Beeren waschen, gut abtropfen lassen und von den Stielen befreien. Den Backofen auf 200° vorheizen.

2

Die Eier trennen (Seite 46). Die Butter schaumig rühren. Nach und nach den Zucker, den Vanillezucker, die gemahlenen Mandeln, die Eigelbe und die abgeriebene Zitronenschale dazugeben. Alles zu einer dicken Creme verrühren.

3

Den Grieß mit dem Mehl und dem Backpulver vermischen und abwechselnd mit der Milch unter den Teig rühren. Die Eiweiße sehr steif schlagen und unterheben (Seite 46).

4

Die Stachelbeeren unter den Teig mischen. Eine Auflaufform ausfetten (Seite 8), die Masse einfüllen und glattstreichen. Im Backofen (Mitte) 60–70 Minuten backen.

Dazu paßt Vanille-Sahne-Sauce (Seite 100).

Zubereitungszeit: etwa 1 1/2 Stunden

Hirseauflauf mit Pfirsichen

Im Bild unten

Kurzrezept

- Hirse quellen lassen
- Butter, Zucker und Eigelbe schaumig rühren, mit der Hirse mischen
- Pfirsichwürfel und Eischnee unterheben

Braucht etwas Zeit

Zutaten für 4 Personen:
3/4 l Milch
1/2 TL Zimt
1/2 TL Salz
150 g Hirse
500 g Pfirsiche
50 g weiche Butter
100 g Zucker
2 Eier
Fett für die Form
Pro Portion etwa:
2200 kJ/520 kcal

1
Milch mit Zimt, Salz und Hirse in einen Topf geben, unter Rühren aufkochen lassen. Die Hirse bei schwacher Hitze etwa 30 Minuten quellen lassen, vom Herd nehmen, abkühlen lassen.

2
Die Pfirsiche mit kochendem Wasser überbrühen, kalt abschrecken, häuten, halbieren und die Kerne entfernen. Die Pfirsichhälften in kleine Würfel schneiden.

3
Den Backofen auf 180° vorheizen. Butter und Zucker mit den Schneebesen des Handrührgerätes schaumig rühren. Die Eier trennen (Seite 46). Die Eigelbe kräftig unterschlagen. Die Masse mit dem lauwarmen Hirsebrei mischen.

4
Die Eiweiße zu steifem Schnee schlagen (Seite 46) und mit den Pfirsichwürfeln unter die Hirse heben. Eine feuerfeste Form ausfetten (Seite 8), die Masse einfüllen und im Backofen (Mitte) etwa 50 Minuten backen.

Zubereitungszeit: etwa 1 3/4 Stunden

TIP
Statt Pfirsichen eignen sich auch Aprikosen oder Nektarinen. Im Winter können Sie auf Trockenfrüchte zurückgreifen, die Sie über Nacht in Wasser oder Fruchtsaft einweichen. Geeignet sind getrocknete Aprikosen und entsteinte Pflaumen.
Zum Hirseauflauf paßt eine Sauce aus pürierten Pfirsichen.

Himbeer-Quark-Soufflé

Kaufen Sie nach Möglichkeit unbehandelte Himbeeren, denn durch das Waschen der zarten Früchte geht viel Aroma verloren.

Kurzrezept

- Eigelbe, Zucker, Vanillemark, Zitronenschale schaumig rühren
- Quark unterrühren, kühl stellen
- Eiweiße und Puderzucker steif schlagen, unter die Quarkmasse heben
- Schichtweise Quarkmasse und Himbeeren in die Form füllen

Raffiniert

Zutaten für 4 Personen:
500 g Himbeeren
3 Eier
3 EL Zucker
1 Vanilleschote
abgeriebene Schale von 1 unbehandelten Zitrone
350 g Magerquark
4 EL Puderzucker
Fett für die Form
1 EL Semmelbrösel

Pro Portion etwa:
1000 kJ/240 kcal

1
Die Himbeeren kurz abbrausen, verlesen und abtropfen lassen.

2
Die Eier trennen (Seite 46). Die Eigelbe und den Zucker mit den Schneebesen des Handrührgerätes zu einer schaumigen Masse rühren. Die Vanilleschote aufschlitzen, das Mark auskratzen (Seite 100) und mit der Zitronenschale in die Eigelbmasse geben. Den Magerquark eßlöffelweise unterrühren und die Masse in den Kühlschrank stellen.

3
Den Backofen auf 200° vorheizen. Die Eiweiße mit dem Puderzucker zu steifem Schnee schlagen (Seite 46). Von dem Eischnee die Hälfte abnehmen und beiseite stellen, den restlichen Eischnee gleichmäßig unter die Quarkmasse heben.

4
Eine Souffléform (1 1/2 l Inhalt) ausfetten und mit den Semmelbröseln ausstreuen (Seite 46). Schichtweise die Quarkmasse und die Himbeeren einfüllen. Die letzte Schicht bilden Himbeeren. Darauf den beiseite gestellten Eischnee verteilen.

5
Das Soufflé im Backofen (Mitte) etwa 30 Minuten backen, sofort servieren.

Zubereitungszeit:
etwa 1 1/4 Stunden

TIP
Anstelle einer großen Souffléform können Sie vier bis sechs kleine Förmchen verwenden. Dann verkürzt sich die Backzeit etwa um die Hälfte.
Reichen Sie dazu eine feine Vanillesauce. Das Rezept dafür finden Sie auf Seite 100.

Sauerkirschauflauf

Im Bild oben

Außerhalb der Saison mit Kirschen aus dem Glas zubereiten.

Kurzrezept

- Eigelbe, Zucker, Vanillezucker, Zitronenschale, Kokosflocken, Quark und saure Sahne schaumig rühren
- Zwieback, Kirschen und Quark in die Form schichten
- Mit Mandeln bestreuen

Preiswert

Zutaten für 4 Personen:
3 Eier
50 g Zucker
1 Päckchen Vanillezucker
abgeriebene Schale von 1/2 unbehandelten Zitrone
2 EL Kokosflocken
250 g Sahnequark
150 g saure Sahne
8–12 Stück Zwieback
750 g Sauerkirschen
2 EL gehackte Mandeln
Fett für die Form
Pro Portion etwa:
2800 kJ/670 kcal

1
Die Eier trennen (Seite 46). Die Eigelbe, den Zucker und den Vanillezucker mit den Schneebesen des Handrührgerätes schaumig schlagen, nach und nach die abgeriebene Zitronenschale, die Kokosflocken, den Sahnequark und die saure Sahne unterrühren.

2
Die Eiweiße zu steifem Schnee schlagen und unter die Masse heben (Seite 46). Den Backofen auf 180° vorheizen.

3
Eine Auflaufform ausfetten (Seite 8) und den Boden mit der Hälfte des Zwiebacks belegen.

4
Die Sauerkirschen waschen, abtropfen lassen und die Stiele entfernen. Die Kirschen entsteinen. Die Hälfte davon auf dem Zwieback verteilen und mit der Hälfte des Quarks bedecken. Den restlichen Zwieback darauf verteilen, mit den restlichen Kirschen und dem übrigen Quark bedecken.

5
Den Auflauf im Backofen (Mitte) etwa 35 Minuten backen. Dann die gehackten Mandeln darauf streuen und noch weitere 10 Minuten backen.

Dazu paßt Kirschkompott oder Vanillesauce (Seite 100).

Zubereitungszeit:
etwa 1 1/2 Stunden

Rhabarberauflauf mit Biskuit

Im Bild unten

Kurzrezept

- Rhabarberstücke mit Zucker ziehen lassen
- Eigelbe und Zucker schaumig rühren
- Zerbröselten Biskuit, Mandeln, Zimt, Nelken, Rum und Quark unterrühren
- Eischnee und Rhabarber unterheben

Gelingt leicht

Zutaten für 4 Portionen:
1 kg Rhabarber
6 EL Zucker
200 g Löffelbiskuits
4 Eier
100 g gemahlene Mandeln
1 Prise Zimtpulver
1 Prise gemahlene Nelken
2 cl Rum (nach Belieben)
250 Magerquark
1 Prise Salz
Fett für die Form
Puderzucker zum Bestäuben

Pro Portion etwa:
1800 kJ/430 kcal

1
Den Rhabarber putzen, waschen, falls nötig, schälen und in etwa 2 cm lange Stücke schneiden. In eine Schüssel geben, mit 3 Eßlöffeln Zucker vermischen und etwa 30 Minuten ziehen lassen.

2
Löffelbiskuits in ein sauberes Küchenhandtuch legen und mit der Nudelrolle zu Bröseln verarbeiten. Den Backofen auf 200° vorheizen.

3
Die Eier trennen (Seite 46). Die Eigelbe mit dem restlichen Zucker schaumig schlagen.

4
Die Biskuitbrösel, die gemahlenen Mandeln, den Zimt, die Nelken, den Rum und den Magerquark hinzufügen und alles gut mischen.

5
Die Eiweiße mit der Prise Salz zu schnittfestem Schnee schlagen, auf die Masse gleiten lassen und locker unterheben (Seite 46). Die Rhabarberstückchen unter den Teig mischen.

6
Eine Auflaufform oder vier Portionsförmchen (dann reduziert sich die Backzeit) ausfetten, den Teig einfüllen. Im Backofen (Mitte) etwa 40 Minuten backen. Mit Puderzucker bestäuben.

Zubereitungszeit:
etwa 1 1/4 Stunden

Grießauflauf mit Orangen

Schmeckt im Sommer auch mit Pfirsichen oder Aprikosen.

Kurzrezept

- Eigelbe, Zucker, Joghurt, Vanillezucker, Sahne und Grieß schaumig rühren
- Orangen filetieren, mit Likör beträufeln
- Abwechselnd Grieß, Orangen und Mandeln in die Form schichten
- Mit Butterflöckchen belegen

Üppig und preiswert

Zutaten für 4 Personen:
4 Eier
80 g Zucker
300 g Joghurt
2 Päckchen Vanillezucker
250 g Sahne
150 g Hartweizengrieß
3 mittelgroße Orangen
2 cl Orangenlikör nach Belieben
40 g Mandelstifte
Fett für die Form
Butterflöckchen zum Besetzen
Pro Portion etwa:
3000 kJ/710 kcal

1
Die Eier trennen (Seite 46). Die Eigelbe und den Zucker mit den Schneebesen des Handrührgerätes zu einer hellgelben, cremigen Masse rühren.

2
Nach und nach den Joghurt unterrühren. Den Vanillezucker, die Sahne und den Grieß hinzufügen. Den Backofen auf 180° vorheizen.

3
Die Orangen so schälen, daß die weiße Innenhaut vollständig entfernt wird. Das Fruchtfleisch aus den Zwischenhäuten lösen, von den Kernen befreien (Seite 100). Mit dem Likör beträufeln, kurz ziehen lassen.

4
Eine Auflaufform ausfetten und die Hälfte der Grießmasse einfüllen. Die Orangenfilets und die Hälfte der Mandeln darauf verteilen und mit dem restlichen Grieß bedecken. Mit den restlichen Mandeln bestreuen, mit Butterflöckchen besetzen. Den Auflauf im Backofen (Mitte) etwa 40 Minuten garen.

Zubereitungszeit: etwa 1 Stunde

VARIANTEN

Anstelle der Orangen können Sie Bananen verwenden: Dafür 4 mittelgroße, reife Bananen schälen und in dickere Scheiben schneiden, diese sofort mit Zitronensaft beträufeln damit sie sich nicht verfärben. Unter die Grießmasse 3 Eßlöffel Kokosflocken und 4 Eßlöffel Rum mischen und die Bananenscheiben unterheben.

Auch mit Ananas schmeckt dieser Auflauf köstlich: Dafür 1 große, reife Ananas großzügig schälen, vierteln, den inneren, harten Strunk herausschneiden und das Fruchtfleisch in mundgerechte Stücke schneiden. 3 Eßlöffel Pinienkerne in einer trockenen, beschichteten Pfanne hellbraun rösten und mit der Ananas unter den Grieß mischen.

Im Winter schmecken auch Äpfel oder Birnen, dann je etwa 3 Stück verwenden, schälen, von den Kerngehäusen befreien und kleinschneiden. Nach Wunsch mit dem jeweiligen Obstschnaps beträufeln und mit 3 Eßlöffeln grob gehackten Walnüssen unter den Grieß mischen. Wie im Rezept beschrieben zubereiten. Wenn Kinder mitessen, können Sie den Alkohol durch Fruchtsaft ersetzen.

Mangospalten mit Pistazienbaiser

Im Bild oben

Reife Mangos erkennen Sie an ihrem intensiven Duft. Unreife Früchte können Sie 6–8 Tage bei Zimmertemperatur nachreifen lassen.

Kurzrezept

- Mangospalten in der Form mit Rum beträufeln, ziehen lassen
- Eischnee mit Puderzucker und Pistazien mischen
- Auf die Mangospalten spritzen, gratinieren

Raffiniert

Zutaten für 4 Personen:
2 mittelgroße, reife Mangos (etwa 800 g)
4 EL weißer Rum oder Zitronensaft
2 Eiweiß
1 EL Puderzucker
80 g grüne Pistazien, fein gemahlen

Pro Portion etwa:
1100 kJ/260 kcal

1
Die Mangos am besten mit einem Sparschäler schälen und das Fruchtfleisch rund um den Kern in Spalten abschneiden (Seite 100).

2
Die Mangospalten in eine feuerfeste Form legen oder in vier Portionsförmchen verteilen, mit dem Rum oder dem Zitronensaft gleichmäßig beträufeln und etwa 30 Minuten ziehen lassen. Den Backofen auf 200° vorheizen.

3
Die Eiweiße mit dem Puderzucker zu sehr steifem Schnee schlagen. Zum Schluß die gemahlenen Pistazien untermischen. Den Eischnee in eine Spritztüte mit Sterntülle füllen und gleichmäßig auf die Mangospalten spritzen (Seite 100).

4
Die Mangospalten im Backofen (Mitte) in etwa 15 Minuten goldgelb überbacken.

Zubereitungszeit: etwa 1 Stunde (davon 30 Minuten Marinierzeit)

TIP
Sie können den Eischnee auch mit einem Eßlöffel wolkenartig auf den Mangospalten verteilen.

Quitten-Reis-Auflauf

Im Bild unten

Nach der Form werden Quitten unterschieden in Apfel- und Birnenquitten. Das Fleisch der Apfelquitten ist sehr hart und holzig, das der Birnenquitten weicher und auch aromatischer, für den Auflauf daher besser geeignet.

Kurzrezept

- Quittenachtel mit Zitronensaft, Wein, Honig weich kochen
- Eier, Butter, Zucker, Zitronenschale, Nüsse, Quark verrühren
- Gekochten Reis und Quitten untermischen

Braucht etwas Zeit

Zutaten für 4 Personen:
3 kleinere Quitten (etwa 400 g)
Saft von 1/2 Zitrone
3/8 l halbtrockener Weißwein, ersatzweise Apfel- oder Birnensaft
4 EL Honig
150 g Reis
Salz · 4 Eier
50 g Butter
60 g Zucker
etwas abgeriebene Schale einer unbehandelten Zitrone
50 g gemahlene Haselnüsse
250 Magerquark
Fett für die Form

Pro Portion etwa: 2700 kJ/640 kcal

1
Die Quitten waschen, schälen, achteln und entkernen. Mit dem Zitronensaft, dem Weißwein und dem Honig in einen Topf geben, aufkochen und zugedeckt bei schwacher Hitze in 30–40 Minuten weich köcheln lassen.

2
Salzwasser in einem Topf zum Kochen bringen. Den Reis darin in etwa 20 Minuten garen, in ein Sieb abgießen und abkühlen lassen. Den Backofen auf 200° vorheizen.

3
Die Eier mit der Butter, dem Zucker, der Zitronenschale, den Haselnüssen und dem Magerquark gründlich verrühren. Den Reis und die Quitten untermischen.

4
Eine feuerfeste Form ausfetten (Seite 8) und die Masse einfüllen. Im Backofen (Mitte) etwa 30 Minuten backen.

Zubereitungszeit: etwa 1 1/4 Stunden

Erdbeer-Ricotta-Gratin

Im Bild oben

Ricotta ist ein italienischer Frischkäse, den Sie zwischenzeitlich in jedem gut sortierten Supermarkt bekommen. Es gibt ihn gesalzen und ungesalzen. Ersatzweise können Sie auch gut abgetropften Magerquark verwenden.

Kurzrezept

- Erdbeeren mit Zucker vermischen
- Eier, Zucker, Ricotta, Speisestärke verrühren
- Mandeln rösten, die Hälfte mit den Erdbeeren unter die Ricottacreme geben
- Mit den restlichen Mandeln bestreuen

Gelingt leicht

Zutaten für 4 Personen:
500 g Erdbeeren
75 g Zucker
2 Eier
250 g ungesalzener Ricotta (oder Magerquark)
3 TL Speisestärke
50 g gehackte Mandeln
Fett für die Form
Pro Portion etwa:
1500 kJ/360 kcal

1

Die Erdbeeren waschen, die Blütenansätze abzupfen, große Exemplare vierteln, kleine halbieren. In eine Schüssel geben und mit 4 Eßlöffeln Zucker vermischen. Den Backofen auf 200° vorheizen.

2

Die Eier und den restlichen Zucker mit den Schneebesen des Handrührgerätes schaumig schlagen. Den Ricotta oder Magerquark eßlöffelweise dazugeben. Zum Schluß die Speisestärke untermischen.

3

Die gehackten Mandeln in einer beschichteten Pfanne ohne Fett unter Rühren goldgelb rösten. Die Hälfte davon mit den Erdbeeren unter den Ricotta mischen.

4

Eine Gratinform ausfetten (Seite 8) und die Masse einfüllen. Die Oberfläche glattstreichen und mit den restlichen Mandeln bestreuen. Im Backofen (Mitte) etwa 30 Minuten gratinieren.

Zubereitungszeit: etwa 50 Minuten

Soufflé aus rosa Grapefruit

Im Bild unten

Das Fruchtfleisch der rosa Grapefruit ist aromatischer und lieblicher als das der hellgelben Sorten.

Kurzrezept

- Grapefruitsaft, Puderzucker, Speisestärke einkochen lassen
- Eigelbe unter die Masse rühren
- Eischnee unterheben
- Formboden mit Kokosflocken bestreuen, Masse einfüllen

Raffiniert

Zutaten für 4 Personen:
3 rosa Grapefruit
100 g Puderzucker
4 EL Speisestärke
4 Eier
1 Prise Backpulver
Fett für die Form
2 EL Kokosflocken
Puderzucker zum Bestäuben

Pro Portion etwa: 1400 kJ/330 kcal

1
Die Grapefruits halbieren, auspressen und den Saft durch ein Sieb in einen Topf gießen.

2
Den Puderzucker und die Speisestärke mit einem Schneebesen unterrühren und alles aufkochen. Wenn die Masse dicklich wird, vom Herd nehmen, nochmals gut durchschlagen und abkühlen lassen.

3
Den Backofen auf 180° vorheizen. Die Eier trennen (Seite 46). Die Eiweiße mit dem Backpulver zu steifem Schnee schlagen (Seite 46).

4
Die Eigelbe unter die abgekühlte Grapefruitmasse rühren, dann den Eischnee gleichmäßig unterheben (Seite 46).

5
Eine Souffléform (1 l Inhalt) ausfetten und den Boden mit den Kokosflocken bestreuen (Seite 46). Die Masse einfüllen. Im Backofen (unten) 45–50 Minuten backen. Mit Puderzucker bestäuben und sofort servieren, da das Soufflé schnell zusammenfällt.

Zubereitungszeit: etwa 1 1/4 Stunden

TIP
Den Grapefruitsaft können Sie durch Mandarinen- oder Orangensaft ersetzen, den Sie mit etwas Fruchtlikör aromatisieren.

Überbackene Mascarpone-Äpfel

Im Bild unten

Für diesen Auflauf eignen sich besonders gut leicht säuerliche saftreiche Äpfel wie Gravensteiner, James Grieve, Boskoop und Jonagold.

Kurzrezept

- Apfelspalten in die Form legen, mit Calvados beträufeln
- Mascarpone, Eier, Zucker, Zimt cremig rühren, Mandeln unterrühren
- Auf den Äpfeln verteilen

Gelingt leicht

Zutaten für 4 Personen:
750 g Äpfel
2 cl Calvados
250 g Mascarpone
2 Eier
50 g Zucker
1 Prise Zimtpulver
50 g gehackte Mandeln
Fett für die Form

Pro Portion etwa:
1800 kJ/430 kcal

1
Die Äpfel waschen, vierteln, schälen und die Kerngehäuse entfernen. Die Viertel in dünne Spalten schneiden.

2
Eine Auflaufform ausfetten (Seite 8) und die Apfelscheiben schuppenförmig hineinlegen. Mit dem Calvados beträufeln und etwa 15 Minuten ziehen lassen. Den Backofen auf 200° vorheizen.

3
Den Mascarpone in eine Schüssel geben. Die Eier und den Zucker hinzufügen und mit den Schneebesen des Handrührgerätes so lange schlagen, bis die Masse hellgelb und cremig ist. Den Zimt dabei einstreuen. Zum Schluß die gehackten Mandeln untermischen.

4
Die Mascarpone-Masse gleichmäßig auf den Äpfeln verteilen und die Form in den Backofen (Mitte) stellen. Etwa 20 Minuten überbacken.

Zubereitungszeit: etwa 45 Minuten

TIPS
Wenn Kinder mitessen, sollten Sie den Calvados durch Apfelsaft ersetzen. Der Auflauf schmeckt auch kalt.

Mais-Birnen-Auflauf

Im Bild oben

Besonders aromatische Birnen sind Abate, Kaiser Alexander und Williams.

Kurzrezept

- Milch, Zimt, Zitronenschale, -saft und Maisgrieß kochen
- Salz, Zucker, Butter unterrühren
- Masse in die Form füllen, Birnenscheiben hineindrücken
- Mit Butterflöckchen besetzen

Preiswert

Zutaten für 4 Personen:
1 l Milch
1 TL Zimtpulver
abgeriebene Schale und Saft von 1 unbehandelten Zitrone
250 g Maisgrieß
1 Prise Salz
80 g Zucker
100 g Butter
4 mittelgroße Birnen (etwa 800 g)
Fett für die Form
Butterflöckchen zum Besetzen
Puderzucker zum Bestäuben

Pro Portion etwa: 3200 kJ/760 kcal

1
Die Milch in einem Topf zum Kochen bringen, den Zimt, die Zitronenschale, den Zitronensaft und den Maisgrieß einrühren. Alles unter Rühren bei schwacher Hitze etwa 20 Minuten köcheln lassen.

2
Das Salz, den Zucker und die Butter untermischen und die Masse nochmals kurz aufwallen lassen, dann vom Herd nehmen.

3
Eine Auflaufform ausfetten (Seite 8) und die Masse einfüllen. Den Backofen auf 200° vorheizen.

4
Die Birnen schälen, vierteln und die Kerngehäuse entfernen. Die Viertel nochmals längs durchschneiden und sternförmig in die noch heiße Maismasse drücken.

5
Den Auflauf mit Butterflöckchen besetzen und im Backofen (Mitte) etwa 30 Minuten garen. Vor dem Servieren mit Puderzucker bestäuben.

Zubereitungszeit: etwa 1 Stunde

Rezept- und Sachregister

Zum Gebrauch
Damit Sie Rezepte mit bestimmten Zutaten noch schneller finden, stehen in diesem Register zusätzlich auch beliebte Zutaten wie Kartoffeln oder Tomaten – ebenfalls alphabetisch geordnet und halbfett gedruckt – über den entsprechenden Rezepten.

Impressum

Cornelia Adam
ist eine erfolgreiche Food-Journalistin und Kochbuchautorin. Sie arbeitet für große Publikumszeitschriften und hat bereits zahlreiche Kochbücher veröffentlicht. Sie ist bekannt für ihre jungen, unkomplizierten kulinarischen Rezepte.

Georg M. Wunsch
arbeitete nach seiner Fotografenlehre als Assistent bei verschiedenen namhaften Fotografen, unter anderem dem Food-Fotografen Arnold Zabert. Seitdem gilt sein besonderes Interesse der Lebensmittelfotografie. Heute ist er als Fotodesigner für Kochbuchverlage, Zeitschriftenredaktionen und Werbeagenturen tätig.

Lizenzausgabe für Gondrom Verlag GmbH, Bindlach 2001

Redaktion: Claudia Daiber, Sabine Sälzer
Herstellung: Jürgen Bischoff
Layout: Max Kraxenberger
Farbfotos: Georg M. Wunsch
Covergestaltung: Monika Hagen
Reproduktion: Pfau, Mühlheim/Ruhr
Satz: Typodata GmbH, München

ISBN 3-8112-1901-4

Der Umwelt zuliebe gedruckt auf chlorfrei gebleichtem Papier.

So ge